Bibliographische Information der Deutschen
Nationalbibliothek
Die Deutschen Nationalbibliothek verzeichnet diese
Publikation in der Deutschen Nationalbibliografie;
detaillierte bibliografische Daten sind im Internet
über http://dnb.d-nb.de abrufbar.

AF222896

1. Auflage 2008

Herstellung und Verlag: Books on Demand GmbH, Norderstedt

©Norbert Spriewald 2007

ISBN 978-3-8370-5878-9

Norbert Spriewald

„VOWIG"
VolksWirtschaft als
Instrument der Gesellschaftskritik
- Volkswirtschaft für den mündigen Bürger -

aus: "Das Mandarin(en) –Syndrom"
- Die ausgequetschte Gesellschaft -

Mit Illustrationen von   Andreas Wirtz

Inhaltsverzeichnis

Für die Korrekturlesungen, Anregungen und Beseitigung von orthographischen Fehlern meinen herzlichen Dank an meine Freunde ohne die dieses Buch nicht so erschienen wäre, insbesondere Schulamtsdirektor i. R. Rudolf Otto, Arbeitsamtsdirektor i.R. Rolf Deiters, Marc Schneider und besonders auch an meine Sekretärin Angelika Kayser.

Vorbemerkungen

Jeder sollte wie „Gott in Frankreich" leben können, wenn er dafür auch Leistung für die Gesellschaft gebracht hat.
Dieses bitte in einem angemessenen Verhältnis zu denen, die auch 8 Stunden pro Tag gearbeitet haben (ob 10 oder 50-fach, mag fragwürdig sein, nicht jedoch 100 bis -1.000-fach).

> *Was jemand ist, ist er nur „durch" und „in"*
> *dieser Gesellschaft.*

Der Industriemanager / Kfz-Entwicklungsingenieur ist dieses nur durch die Industriegesellschaft und kann seinen Verdienst nur in dieser Industriegesellschaft realisieren, weder am Nordpol noch in Uganda.

Noch deutlicher: Der „deutsche Steuerberater" ist nur wegen der „deutschen Steuerkomplexität" notwendig und nur in Deutschland kann er seine Geschäfte realisieren, weder in den USA noch in Japan, nur hier.

Diese Erkenntnis im Zusammenhang mit den seit 20 Jahren ansteigenden und ausufernden Managergehältern in Verbindung mit volkswirtschaftlich nicht vertretbarem Kapitalexport und fehlender **konstruktiven** Gesellschaftskritik, waren Anlass dieses Buch zu schreiben.

Gerade die neue Literatur zu den derzeitigen Problemen in der Gesellschaft bzw. Volkswirtschaft - überwiegend eine Aufreihung von Kritik ohne Zusammenhänge sichtbar werden zu lassen - wie deutsche Version von Michael Moore „Stupid withe man", Meinhard Miegel´s „Die deformierte Gesellschaft" und Gabor Steingart´s „Abstieg eines Superstars", zeigt die Notwendigkeit eines praxisnahen Buches über die Grundlagen jeder Diskussion.

> *Im Mittelpunkt des politischen und wirtschaftlichen*
> *Handelns muss der Mensch mit dem Recht auf*
> *Chancengleichheit, Emanzipation, Selbstverwirklichung*
> *und Partizipation mit sozialer Verantwortung stehen.*

Im Mittelpunkt muss der Mensch, **Sie, liebe(r) Leser(in)**, als Individuum, mit dem Recht auf Chancengleichheit, Emanzipation (freies selbstbestimmtes Handeln), Selbstverwirklichung (Entfaltung aller Ihrer Fähigkeiten bis hin zum: „Das mache ich jetzt auch") und Partizipation (ich kann alles verstehen und überall mitreden und mitmachen) stehen, auch mit der Fähigkeit, Verantwortung – nicht nur für sich selbst, sondern auch für andere – übernehmen zu können.

In allgemein verständlicher Form mit auflockernden Karikaturen werden komplizierte Einzelaspekte der Volkswirtschaft problemverdeutlichend erklärt und Zusammenhänge hergestellt.

Diese Zusammenhänge können die Grundlagen einer Diskussion und Anstöße zu einer Umsetzung von systemorientierten Veränderungen sein.

Alles ist in seinen Einzelheiten schon irgendwann von irgendwem gesagt bzw. als Einzelproblem beschrieben worden und wenn für irgendeine Erkenntnis kein Autor gefunden werden kann, dann muss es wohl *„auf meinem Mist"* gewachsen sein.

Es zeigt, wo die Kritik all derer ansetzen muss, die das Prinzip der „Sozialen Marktwirtschaft" auf der Basis unseres Grundgesetzes reformieren und die eine soziale Gerechtigkeit herstellen wollen, egal ob mit liberaler, grüner, sozialer oder konservativer Grundhaltung.

„Wir haben kein Erkenntnisproblem, sondern nur ein Handlungs- bzw. Umsetzungsproblem", solche und ähnliche Sprüche von hohen Wissenschaftlern oder Repräsentanten des Staates kennt man.

Ursache dafür sind Defizite volkswirtschaftlicher Zusammenhänge oder besser:

Wir haben den Mangel, die
„Volkswirtschaft als System" zu betrachten.

Fangen wir an, diesen Mangel zu beseitigen.

Sozialwissenschaften, Politik, Psychologie, Ethologie, Wirtschaftswissenschaften und benachbarte Wissenschaftsbereiche stehen sich teilweise konkurrierend als separate Wissensgebiete gegenüber, unberücksichtigt der Tatsache, dass diese miteinander unauflösbar zusammenhängen.

Die Zusammenhänge werde ich versuchen so darzustellen, dass die „Richtigkeit" (nicht im Sinne von Alles andere ist „falsch") durch die Begründungen nachvollziehbar wird und wenn nicht, nehme ich die Schuld der Fehlinterpretation / Unschlüssigkeit in der Beweisführung auf mich und schiebe sie nicht anderen zitierten Anhangsautoren in die Schuhe.

Hier wird nun ein „systemtheoretischen Ansatz" *), gewählt, denn

„das Ganze ist mehr als die Summe seiner Teile".

*) Anmerkung zur Systemtheorie: Hier im Sinne von Kybernetik, denn lediglich ein interdisziplinärer Ansatz ist zur Problembeschreibung nicht genug . Meine Erfahrung zeigt, dass zwar bei interdisziplinären Ansätzen das Wissen von „Experten" von „Experten anderer Fachrichtungen" aufgenommen wird, jedoch die „fachlichen Scheuklappen" bleiben.

Das Ganze hat vollständig andere „neue" Eigenschaften und in diesem Ganzen sind alle (möglichst viele bekannte) „Einzelvorkommnisse" nach der „Chaos Theorie" miteinander vernetzt, d. h. in ihren Wirkungen beeinflussen sie sich gegenseitig.

Wie wirken die verschiedenen Einzelheiten der volkswirtschaftlichen, soziologischen und politischen Gegebenheiten zusammen?

> *Um Missverständnissen vorzubeugen, ist eindeutig zwischen der Wirtschaft, der Wirtschaftsordnung und der Gesellschaftsordnung zu unterscheiden.*

Die Wirtschaftsordnung wird durch das Gesellschaftssystem, d.h. durch die Politik und Gesellschaftsanschauung überlagert.

Erst durch diese Überlagerung von Politik und Gesellschaftsordnung erwirbt sich das „natürliche" Wirtschaftsprinzip - die „Marktwirtschaft" - jetzt den Zusatz „sozial" oder „frei" oder sie ist „faschistisch" oder "kapitalistisch" oder kehrt sich durch zu starke Einflussnahme in das Gegenteil, in eine „Planwirtschaft" um (jedoch: Ernteausfälle, Umweltkatastrophen sind nicht planbar).

Gleichwohl sind die wirtschaftlichen Grundprinzipien immer die gleichen, d.h. das später beschriebenen Wirtschaftssystem mit allen Faktoren ist „natürlicher", funktioneller Art und stellt lediglich nach vielen Fehlentwicklungen eine Analyse aus der realen Welt dar, z.B. Feudalismus, Kolonialismus, Manchester Kapitalismus, Kommunismus, Faschismus und nicht zuletzt der Neoliberalismus.

Bevor notwendige Kritik geäußert wird, Systemveränderungen oder Reformen – hin zu irgendetwas – gefordert werden, sollte ein annähernd ähnliches Begriffsverständnis erzeugt werden.

Die semantische Bedeutung der Sprache wurde (bewusst) verfälscht, denn „Peacemaker" ist kein Friedensmacher, sondern ein Revolver, Reform bedeutet nicht Rückgriff auf „Altes", sondern Veränderung zu etwas „Neuem", daher:

"Meinen wir das Gleiche, verstehen wir uns?"

> *Alleine die zuvor genannten, „wertbeladenen" Begriffe bedürfen einer eindeutigen Klärung, bevor Missverständnisse entstehen.*

Am nachstehenden Begriff wird verdeutlicht, wie weit sich die Wahrnehmung des Wortes von der ursprünglichen Sinngebung entfernt hat.

Was ist ein Kapitalist?

Kurz und knapp:
Alle anderen Erklärungen sind ideologisch verfremdet.

> *Ohne Konsumverzicht ist eine Kapitalbildung aus dem Zusammenwirken von Arbeit und Bodenerträgen undenkbar.*

Schon in der „Steinzeit" war es so:

Einen Ast kann ich verbrennen und konsumiere so die „Wärme".

Oder ich friere (Konsumverzicht) und baue aus dem Ast ein Werkzeug (Speer), um anschließend schneller und besser zu jagen.

Verleihe ich dieses Werkzeug kostenlos (wieso eigentlich?) bin ich ein sozialer Mensch.

Verleihe ich es gegen Entgelt (Ertragsbeteiligung), ist der **„Kapitalist" geboren.**

Lediglich wie ein Bauer, der das Saatgut nicht gegessen hat, will dieser nun lediglich die Früchte seines Konsumverzichtes ernten.

Noch ein Kapitalist:

Ein Frisör übt Konsumverzicht, spart, kauft sich vom Ersparten eine Schere und mietet sich vom Ersparten ein Ladenlokal.

So stellt die Schere das **Kapital** des Frisörs dar,

der in gemieteten Räumen **(Boden)** nun Kunden

die Haare fantasievoll und sachgerecht schneidet **(Arbeit).**

Nicht der Besitz von Kapital oder Luxusgütern erzeugt einen „unsozialen Kapitalisten", sondern erst dessen wirtschaftliches Handeln, wenn dieses sich hauptsächlich am Kapitalbesitz und –einsatz ausrichtet.

Dementsprechend sollte (muss) bei der Verwendung und Interpretation (Nachvollziehen) bestimmter Begriffe auch das „Gleiche" darunter verstanden werden, sonst wird eine Diskussion sinnlos.

Noch deutlicher:

Beispielsweise ist die Farbe „rot" nicht gleich „rot", wenn der eine dabei an das Blut und der andere an das Abendrot und der Dritte an das Rot der Verkehrsampel denkt.

„Rot" ist dann in der Psyche entweder „negativ" oder „positiv" verankert und erzeugt beim Leser eine sehr selektive Wahrnehmung dessen, was geschrieben steht, mit einer Interpretation, die der Schreiber nie hatte und die wenig hilfreich für das Verständnis des Nachstehenden sein wird.

Als Einstieg in einen Teilbereich der Volkswirtschaft bietet sich der Begriff „Nutzen" an, veranschaulicht die Begriffsverwirrung und ermöglicht auch abschließend einen Einstieg in die Zusammenhänge der Volkswirtschaft als Instrument der Gesellschaftskritik.

1. Nutzenmaximierung - oder „Was ist das Ziel ? oder „Was will ich erreichen ?"

Klären wir den volkswirtschaftlichen Begriff: „Nutzen" und dessen „Maximierung".

Landläufig wird unter Nutzen das verstanden, was einem persönlich einen Nutzen im Sinne von „Mehrwert" bringt.

Dabei wird überwiegend lediglich der persönliche, materielle Nutz-Wert verstanden.

Psychologen und Soziologen *) sprechen auch von der „Haben – Ebene".

Alles - am besten in mehrfacher Ausführung - besitzen wollen (= alles haben wollen), anstatt Mensch zu „sein".

    *) empfehlenswerte Literatur: Erich Fromm, in: „Haben oder Sein".

Der erreichte, messbare, individuelle Nutzen steht immer in unmittelbarer Beziehung zum Aufwand / Kosten / persönlichem Einsatz etc. **und erzeugt** immer **auch** einen gesellschaftlichen und persönlichen **ideellen Zusatznutzen.**

Dieser Zusatznutzen, der persönliche, ideelle Wert im Sinne von persönlicher Wertschätzung und auch der gesellschaftliche Nutzen, wird ausgeblendet, bleibt bei der „Mehrwert"- Betrachtung unberücksichtigt.

Tausende von ähnlichen Forderungen aus religiösen, sozialethischen und/oder psychotherapeutischen Kreisen existieren.

„Geben ist seliger denn Nehmen !"

„Weniger ist mehr"

Allein der Glaube fehlt.

Oder auch: Es fehlt der „wirtschaftswissenschaftliche" Beweis dafür, dass es tatsächlich so ist.

Warum eigentlich ?

Warum wird dieses nicht dargelegt ?

Ist es ein Tabu-Bruch darüber zu sprechen, zu schreiben ?

Wie alles immer zu hinterfragen ist: „Wem nutzt das?", ist auch hier zu fragen: „Wem nutzte und wem nutzt das Schweigen ?

Sie werden selbst herausfinden, „wem dieses nutzte".

Brechen wir das Schweigen !

Bereits andere haben schon damit angefangen:

Das schönste deutsche Wort des Jahres 2004:

„Habseligkeiten"

für die „einfachste Ausstattungsform" des Besitzstandes, sollte mehr Beachtung finden.

„Haben" auf dem Minimalstand ermöglicht nach dem Urteil der Jury offensichtlich einen Weg zur Seeligkeit.

*

Jeder weis es aus eigener Erfahrung:

Gestern - das 18. Glas Bier muss schlecht gewesen sein!

War es so ? Oder liegt etwas anderes vor ?

Es handelt sich schlicht um „Grenznutzen-Probleme"!

Ein simples Beispiel zur Erklärung dieses scheinbar hochtrabenden Begriffes des **„Grenznutzens"** mit weitreichenden Konsequenzen.

Der Student im 1. Semester Volks- bzw. Betriebswirtschaft lernt über komplizierte Kurven und Graphiken den Grenznutzen bei einer Düngung von Kulturland kennen.

Offensichtlich hat der Student der VWL/BWL Probleme mit der Mathematik (weil zu kompliziert dargestellt) und vergisst es daher wieder (anders ist alles nicht zu erklären).

100 kg Düngemittel erzeugen auf irgendeiner Fläche
eine Ertragssteigerung der Ernte um   30 %.

200 kg erzeugen eine Steigerung um 50 %
Merke: weitere 100 kg **nur noch** weitere   20 %

300 kg erzeugen nur noch eine Steigerung um 60 %
Merke: weitere 100 kg **nur noch** weitere   10 %

ab 400 kg Düngemittel
fällt der Ertrag wegen Überdüngung.

> **Weniger (Einsatz) erzeugt hier UNBESTREITBAR mehr (Nutzen).**

Der betriebswirtschaftliche Grenznutzen (d.h. keine Steigerung mehr) liegt hier bei ca. 380 kg.

Der gesellschaftliche Grenznutzen wird bei dieser Betrachtung ausgeblendet, denn in dieser Betrachtung interessiert sich niemand dafür, ob auf den benachbarten Feldern überhaupt nicht gedüngt wurde !

> *Bedauerlich jedoch:*
> *Niemand interessiert die Steigerung des Gesamtnutzens*
> *um ein Vielfaches, wenn auf allen Feldern mit*
> *100 kg gedüngt worden wäre !*

Der Grenznutzen ist also der Punkt, ab dem - bei einem weiteren Einsatz von Mitteln - der Nutzen sinkt.

Beim Überschreiten dieses Grenz-Punktes ist die Aussage: „Weniger bringt Mehr", schlicht und einfach mathematisch exakt.

*

Ein weiteres noch simpleres Beispiel:

Das 1. Glas Wasser nach einem Marsch durch die Wüste ist unermesslich köstlich und wertvoll, man gönnt es keinem anderen.

Das 10. Glas Wasser erzeugt nur noch Bauchschmerzen, wenn man es selber trinkt; jedoch Anerkennung und Vertrauen, wenn man es denen gibt, die noch kein Glas Wasser getrunken haben.

Der persönliche Grenznutzen liegt hier bei dem 9. Glas Wasser, es erzeugte noch etwas „Durstlöschung".

Der gesellschaftliche Grenznutzen liegt möglicherweise schon beim 2. oder 3. Glas Wasser, denn mehrere Personen bekommen etwas sehr Wertvolles.

Dankbarkeit, Anerkennung und / oder vielleicht auch Freundschaft für den „Gebenden" können die Folge sein, was sich als nicht messbarer, jedoch auf jeden Fall als positiver Nutzen darstellt, der jedoch rein mathematisch immer höher ist als der materielle negative Nutzen durch Überdüngung oder der zweifelhafte Nutzen des 9. Glases Wasser.

Weniger (Einsatz) ist (erzeugt)
UNBESTREITBAR mehr (Nutzen).

Hiermit wäre wirtschaftsmathematisch der Beweis erbracht, dass das

„Abgeben / Verschenken"

einen **höheren individuellen Nutzen erzeugt**, als „Selbstkonsumierung" oder auch, dass

„Geben seliger macht als Nehmen".

Unglaubwürdig, weil zu einfach ?

> *Wer dieses nun bestreiten will, hat andere Ziele als*
> *„wirtschaftlich und sozial" sinnvolles Verhalten.*

Im Extremen liegt die Anschauung!

Könnte man mit dem „Unnützen" – weil nur noch materieller negativer Nutzen erzeugt wird – etwas anderes anfangen?

Natürlich kann man!

Aber dieses liegt mehr im „soziologischen Bereich"(sarkastisch: „Im pathologischen Bereich"), denn mit dem für einen persönlich „Unnützen" kann man „Macht" ausüben oder irgendwelche „Persönlichkeitsdefizite" kompensieren, nach dem Motto: „Nur ich kann mir einen solchen *Unsinn* leisten" (s. auch „Bedürfnisbefriedigung").

*

Vervollständigen wir die eingangs gemachte Aussage:

Jeder weiß es aus eigener Erfahrung:

"Das 18. Glas Bier muss schlecht gewesen sein !", mit :

„Jeder bezeichnet den, dem das 25. Glas Bier an einem Abend noch schmeckt

als krank, als Alkoholiker."

Doch was ist nach dem Vorhergesagten mit denen, die ihr 5. Auto in die Garage stellen, die ihr 20. Haus ihr Eigentum nennen ?

Worin liegt die Nutzensteigerung, statt eines 100.000 € PKW nun einen 200.000 € PKW zu kaufen ?

Würde die Alternative 10 PKW á 10.000 € = 100.000 € für die Mitarbeiter verbunden mit Motivationssteigerung, Anerkennung als sozial-handelnder Chef, für den dann die Mitarbeiter durchs Feuer gehen, nicht eine

höhere Nutzensteigerung

erzeugen als lediglich „das neuste Modell" des Luxusfahrzeuges?

Für „grüne" oder "grün angehauchte" Leser etwas deutlicher:

Nicht zusätzliche PKW's, sondern 10 neue, schadstoffarme PKW s gegen die 10 Jahre alten Benzinschleudern tauschen, die recycelt werden.

Mehr durch Zufall las ich einen Tatsachenbericht (oder war es nur eine Satire?), der zeigte, dass auch andere Bürger das Grundproblem unserer hochtechnisierten Konsum-Gesellschaft sehen.

„Das Munduruku-Prinzip"

- Ein Volk beweist, dass es ausreicht, bis fünf zu zählen -

In dieser Zeit, die vor Wissen strotzt, aber kaum noch etwas begreift, geschweige denn versteht, hat die Kunde von der Möglichkeit des Lebens in großer Einfachheit Befreiendes.

Forscher haben entdeckt, dass das indianische Volk der Munduruku im brasilianischen Amazonasgebiet nur bis **„fünf"** zählen kann.

Die Population dieses Stammes wird auf 7.000 geschätzt, Wesen wie Du und ich, mit demselben genetischen Potenzial, der Fähigkeit zu allem, was alle anderen Menschen auch können.

Dass sie Zahlen über fünf nicht benennen, bedeutet nichts anderes als: Sie haben es nicht nötig.

Das Rechenprinzip der Munduruku ist vergleichbar mit dem binären System, das die Computer befähigt, in unvorstellbar kurzer Zeit unvorstellbar viele Rechenschritte zu absolvieren (Anm.: Der Computer, schlicht „PC" genannt, kennt nur 0 und 1 = binär)

Die Munduruku haben nur einen Begriff für eins und einen für zwei. Für drei sagen sie: zwei plus eins. Für vier: zwei plus eins plus eins.

Darüber hinaus wird der numerische Begriff unklar. „Eine Hand" bedeutet „fünf", aber im Zweifelsfall auch sechs oder sieben oder acht.

Die Forscher glauben, dass die Munduruku ihre geistige Energie gar nicht darauf verwenden, sich alles, was über „fünf" hinausgeht, konkret vorzustellen.

Wer das für primitiv hält, ist dem Überheblichkeitsreflex der scheinbar Zivilisierten zum Opfer gefallen.

Tatsächlich wird niemand beweisen können, dass uns irgendetwas, das über die Zahl Fünf hinaus geht, glücklich macht.

Ein Beispiel: Wir haben Hunger. Da steht ein Teller Reis. Die Zahl Eins in Verbindung mit dem sichtbaren Behältnis zeigt an, dass Sättigung möglich ist. Eine Ahnung davon, wie viele Körner Reis in dem Teller sind, ist dagegen nicht nötig.

Wer jemals in die Situation kam, eine tiefe körperlich-emotionale Bindung mit mehr als einem Menschen zu unterhalten, kann bestätigen, dass auch hier das Munduruku-Prinzip greift.

Eine Person müsste genügen zur emotionalen Sättigung, die wir Liebe nennen. Zwei, na ja, da gehen die Erfahrungen ziemlich auseinander.

Zwei plus eins ist in diesem Zusammenhang bereits eine hochkomplexe Rechnung.

Zwei plus eins plus eins reicht ans Ende des Universums.

Eine Hand voll ist schlichtweg so viel, dass man hier mit der konkreten Vorstellung aufhören kann.

Ein Haus ist toll, zwei Häuser sind mehr, als wir brauchen, drei Häuser eine Siedlung, vier unwahrscheinlich, und fünf bedeuten definitiv, dass Zahlen unwichtig werden; ob durch finanzielle Sorgenfreiheit oder Ruin spielt dann keine Rolle mehr.

Wir können alles Mögliche auf dieses Prinzip reduzieren – und kommen immer wieder zu demselben Ergebnis:

Was für ein weises Volk, die Munduruku.

In: Kölner Stadtanzeiger, Ausgabe vom 25.10.04, Seite C4, von Frank Nägele

2. Bedürfnisbefriedigung oder „Was soll das alles ?"

„Wofür rackern wir uns ab ?"   „Warum tun wir das überhaupt ?"
Wie zuvor festgestellt, scheint es noch etwas anderes zu geben, als nur den
„wirtschaftlichen Nutzen".

Die gesellschaftliche und individuelle
Nutzenmaximierung oder besser:
Die Bedürfnisbefriedigung der einzelnen Menschen.

Es wird häufig übersehen, dass der „wirtschaftliche Nutzen", die wirtschaftlichen Erträge nicht das alleinige Mittel zur Bedürfnisbefriedigung sind.

Wenn „Glücklich sein" allein nicht messbar oder vergleichbar ist - auch weil dieses kein Dauerzustand ist - so wäre möglicherweise „Zufriedenheit" eher messbar, wenn man die Befriedigung von Bedürfnissen als „Zufriedenheit" bezeichnen will.

Erstrebenswert wäre somit ein hohes Maß an Zufriedenheit durch die Befriedigung möglicht vieler Bedürfnisse, besser: aller Bedürfnisarten.

Dazu ist aber eine Analyse darüber unerlässlich, welche Bedürfnisse, in welcher Rangfolge (der) Mensch als homo sapiens hat (nicht als Raubtier) und wann welche Bedürfnisse als befriedigt betrachtet werden können.

*

Niemand weiß, ob nachstehender Dialog Mitte der 60-er Jahre zwischen einem deutschen Urlauber (Unternehmer) und einem spanischen Fischer am Strand von Mallorca tatsächlich stattgefunden hat:

Urlauber: Sagen Sie, warum liegen Sie hier am Strand und arbeiten nicht?

Fischer: Ich bin Fischer und habe heute morgen schon um 3 Uhr mit meinem Boot gefischt und um 6 Uhr alles auf dem Markt verkauft:

Urlauber: Aber wenn Sie noch mal rausfahren, können Sie noch mehr Fische fangen und verkaufen !

Fischer: Warum soll ich das machen?

Urlauber: Dann haben Sie in einigen Jahren mehr Geld und können sich ein 2. Boot kaufen.

Fischer: Ich kann doch nicht mit zwei Booten rausfahren !

Urlauber: Sie müssen Leute einstellen, für sich arbeiten lassen und noch mehr Fische fangen und verkaufen .

Fischer: Warum soll ich das machen?

Urlauber: Dann haben Sie in einigen Jahren noch mehr Geld,
können sich weitere Boote kaufen, bis ins Nordmeer
fahren, einen Fischereikonzern aufbauen.

Fischer: Warum soll ich das machen?

Urlauber: Dann können Sie in einigen Jahren einen Geschäfts-
führer einstellen und bezahlen und Sie können Urlaub
machen, am Strand liegen und das Meer genießen.

Fischer: Entschuldigen Sie ! Was mache ich hier gerade ?

*

Zwei Bedürfnisarten lassen sich in verständlicher Weise auf Steinzeitmenschen oder Naturvölker übertragen (in der extremen Verein-
fachung oder Übertreibung liegt die Anschauung).

Die Basis dieser als Pyramide darstellbaren Einzelbedürfnisse sind die
Existenzbedürfnisse (Essen, Unterkunft, Bekleidung), für deren Errei-
chung (Befriedigung) alles – wirklich alles bis hin zum Totschlag,
Kannibalismus etc. – getan wird (Zweifel und Kritik sind angebracht).

Nach der Jagd zum Stillen des „Hungerbedürfnisses" des Steinzeitmenschen mit Verletzungen o. ä. wird dieser sich im Kreise seines
Stammes gefahrlos erholen wollen.

Diese sachlogisch darauf aufbauende Bedürfnisart „Zugehörigkeit", „Geborgensein"(abgesichert), aufgefangen, gepflegt in einer Gruppe, geliebt von einer Gruppe ist sicherlich anderer Natur als das Hungerbedürfnis, so dass zwischen zwei Gruppen der Bedürfnisarten unterschieden werden kann.

Der amerikanische Soziologe Maslow zeigte bereits Anfang des letzten Jahrhunderts eine Grundstruktur der verschiedenen Bedürfnisarten auf, die dieser nach einer Rangfolge der Prioritäten als Bedürfnis-Pyramide darstellte.

Merke: Ein Haus ohne Fundamente stürzt ein, ein Baum ohne Wurzeln kippt um.

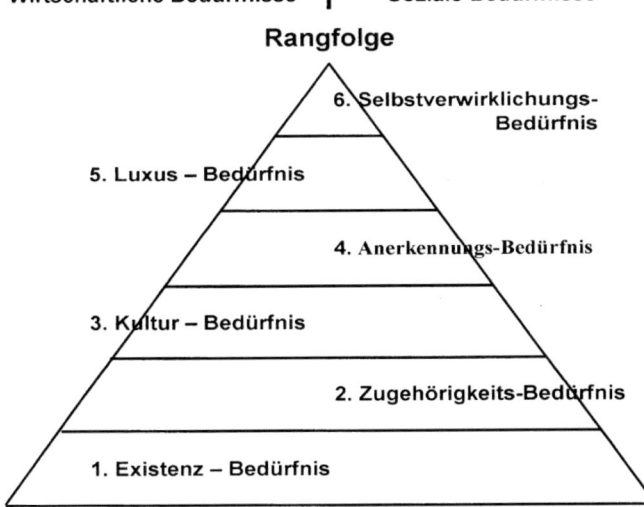

Zwei grundsätzlich unterschiedliche Bedürfnisarten werden bei näherer Betrachtung sichtbar, die zu unterschiedlichsten Interpretationen der Prioritätenrangfolgen geradezu einladen.

Wirtschaftliche Bedürfnisse, die heute mit Geld zu erwerben sind und soziale Bedürfnisse, die gerade nicht „käuflich" zu erwerben sind.

Es ist psychologischer Selbstbetrug zu glauben, dass man Freunde kaufen kann, es sind dann garantiert die falschen Freunde, die einen zerreißen, wenn man Schwäche zeigt.

Bleiben wir beim Steinzeitmenschen – denn wirklich unterscheiden wir uns nicht im Verhalten.

Dieser wird nach seiner Regenerierung von seiner Tat und seinen selbstgebauten Waffen erzählen und davon die ersten Zeichnungen machen – wie er es von seiner Familie (Stamm) lernte.

Somit sind wir bei den „Kulturbedürfnissen" angelangt, die zu den wirtschaftlichen Bedürfnissen zählen, da sich jeder einen Lehrer oder ein Buch kaufen kann.

Durch die erfolgreiche Jagd und Teilung des Erlegten mit seinem Stamm wird er seinem „Anerkennungsbedürfnis" gerecht, denn er ist ein erfolgreicher Jäger und verzichtet zu Gunsten anderer auf weiteres Essen (s. das Beispiel mit dem Trinkwasser).

Die ersten Schmuckstücke aus „Knochen" werden gefertigt und die ersten „Luxusbedürfnisse" werden erzeugt, was auch zur Befriedigung wirtschaftlicher Bedürfnisse zählt.

Der wirklich Mutige wird sich mit seiner Familie vom Stamm trennen und ein eigenes Jagdgebiet suchen, was der höchsten Ebene der sozialen Bedürfnisse entspricht, der „Selbstverwirklichung".

Im Nachstehenden macht sich die Anteilnahme des Autors am Beruf der Ehefrau (Physiotherapeutin) bemerkbar:

> *Zwischen „knallharten" wirtschaftlichen Bedürfnissen sind die „weichen" sozialen Bedürfnisse zwischengelagert.*

Wie eine „natürliche" Wirbelsäule aufgebaut, deren Knochen sich durch die Bandscheiben elastisch gegen Stöße schützen, ist auch diese Pyramide der Bedürfnisarten aufgebaut.

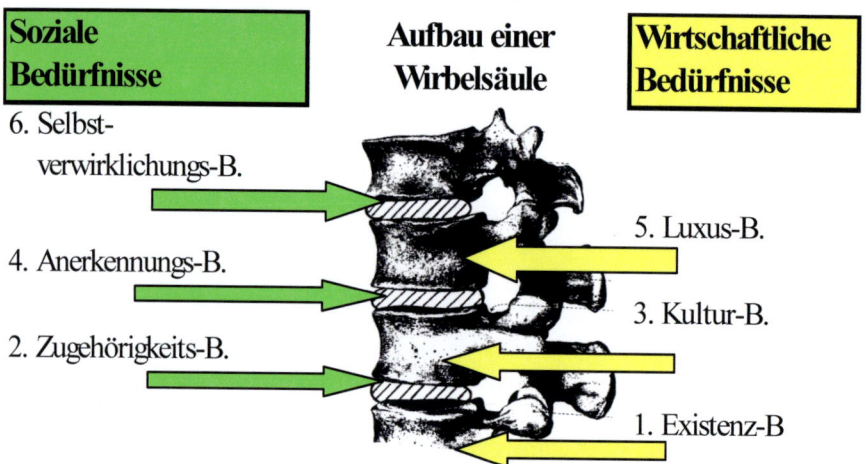

| Soziale Bedürfnisse | Aufbau einer Wirbelsäule | Wirtschaftliche Bedürfnisse |

6. Selbstverwirklichungs-B.

5. Luxus-B.

4. Anerkennungs-B.

3. Kultur-B.

2. Zugehörigkeits-B.

1. Existenz-B

Wie fehlende Bandscheiben zu einer Versteifung der Wirbelsäule und somit zu einer Behinderung führen, so erzeugt das Fehlen einer **„weichen" Bedürfnisbefriedigung**, insbesondere der Stufe 2 (Zugehörigkeit, geborgen und geliebt sein) und der Stufe 4 (Anerkennung), letztendlich **keinen** „psychisch gesunden Menschen".

Nicht umsonst sind Psychiater überbelastet und die Suizidquote beträgt ca. 0,1 %o der Bevölkerung , d.h. 10.000 Suizide pro Jahr allein in Deutschland.

Für die Werbeindustrie - obwohl selbst auch „Opfer" - eröffnet sich ein wirtschaftlicher Kosmos zum Geldverdienen durch die Scheinbefriedigung des Zugehörigkeits- und des Anerkennungsbedürfnisses.

Tausende von irgendwelchen „Wirtschaftsgütern" – ob das billige Parfum, das Markenprodukt oder der teure Sportwagen – sollen suggerieren:

Nicht „Deine Verhaltensänderung" ist notwendig,

sondern das Produkt „XY" hilft dir

deine „unerfüllten Sozialbedürfnisse" zu befriedigen.:

„Die Alten werden sich hierin von den Jüngeren nur unwesentlich unterscheiden. Dennoch wird der Konsum in abnehmendem Maß sinnstiftend wirken. Wie alles nutzt auch er sich ab.

Um Lebenssinn zu stiften, muss er mehr Verlockung als Wirklichkeit sein. Menschen müssen in großer Zahl unerfüllte Wünsche haben, die sie dazu drängen, ihre Konsumfähigkeit zu steigern. Dem dienen Erwerbsarbeit, Karriere, Bildung von Vermögen und finanzielle Sicherheit durch staatliche Transfersysteme. Das alles gibt ihnen Orientierung. Haben Sie aber erst einmal eine Fülle von Dienstleistungen genossen, die schönsten Urlaubsgebiete bereist, die lang ersehnten Häuser erworben."

Miegel, Meinhard: „ Die deformierte Gesellschaft"; Auszug
Seite 70 ff, s. Lit.- Verzeichnis

Am deutlichsten wird die Notwendigkeit der Einhaltung der Rangfolge heutzutage (vielleicht war es schon immer so) daran, dass der Mangel an „Anerkennung" durch vermeintlich Anerkennung erzeugende Luxusgüter kompensiert wird.

Eine Gehaltserhöhung kann man nicht kaufen.

„Ehrliches" Lob, eine wirklich verdiente Gehaltserhöhung, die sachlogisch auch zu einer Steigerung des Selbstwertgefühls führt, kann man nicht kaufen.

Der Mangel an Befriedigung von sozialen Bedürfnissen ist nur durch eine „Veränderung des eigenen Verhaltens" zu beseitigen.

Es ist schwer –oder sogar unmöglich – erst nach Erfüllung aller wirtschaftlichen Bedürfnisse anzufangen, seine sozialen Bedürfnisse zu erfüllen.

Der Zweifel wird bleiben: Meint der andere „mich" oder das mir gehörende Haus / die Luxuswohnung , meint er „mich" oder das Auto / den Sportwagen u.s.w. ?

Werde ich auch geliebt, geachtet wenn ich „Pleite" oder krank bin ?

Entsprechend den eingangs genannten Beispielen, sollte man schon nach dem 2. Glas Wasser andere trinken lassen; statt des Super XLS – GTI Luxusmodells, nun nur ein Super XGT fahren und zusätzlich 10 Kleinwagen für die Mitarbeiter kaufen.

Trotz materiellem „Weniger" dürfte der individuelle „Nutzenzuwachs", d.h. die Bedürfnisbefriedigung wesentlich höher ausfallen.

Da zum individuellen Nutzenzuwachs auch die „nicht käuflichen" **sozialen Bedürfnisse** gehören, wird hier möglicherweise sogar der „Sinn des Lebens" erkennbar.

Hier sollte erneut deutlich werden: **„Weniger ist mehr"** oder

„Geben ist seliger denn Nehmen !"

Wie bereits zuvor angedeutet, **ist es sinnvoller**, Mittel für **andere** Wünsche und deren Befriedigung einzusetzen.

Man wird jedoch eine **volle Bedürfnisbefriedigung nie** erreichen, denn diese Bedürfnisse, insbesondere die „käuflichen" **wirtschaftlichen Bedürfnisse sind unbegrenzt**.

Diese unbegrenzten Bedürfnisse stehen jedoch **nur „begrenzten Gütern"** – trotz voller Läden – gegenüber, bzw. der **Inhalt des Geldbeutels** (oder auch die eigene Arbeitskraft) und auch die persönliche Zeit, „alles sinnvoll nutzen" zu wollen, sind begrenzt, abgesehen davon, dass **„Besitztümer"** auch gepflegt, bewacht, sicher aufbewahrt und verwaltet werden müssen.

Die Lösung kann heißen:

In der Selbsteinschränkung (-begrenzung) liegt der wahre Wohlstand oder zumindest die Wurzel der Zufriedenheit.

Erkenntnisse fallen nicht vom Himmel. Solche Erkenntnisse müssen sogar „schmerzlich" durch Selbsterfahrung gewonnen werden.

Eine wertvolle Hilfestellung dafür liefert der Soziologe Erich Fromm in seinem überaus verständlich geschriebenen Buch: „Haben oder Sein".

Teil der Evolution war für den Menschen, gerade als „Überlebensstrategie", die Entwicklung „des sozialen Verhaltens"; ohne letzteres wäre der Mensch durch die Evolution, mangels anderer „raubtierüblicher Fähigkeiten", ausgemustert worden.

„Menschsein" ein Homo sapiens sapiens, kann somit auch bedeuten, dass die jeweiligen sozialen Bedürfnisse noch vorrangig vor den wirtschaftlichen Bedürfnissen zu befriedigen sind.

In diesem Zusammenhang gibt es auch Theorien, die von einem „Fünf- Sinne- Gefängnis" sprechen, in der sich ein Großteil der Menschen, insbesondere der sogenannten Führungseliten, befinden.

Vgl.: Davids Icke: „Alice im Wunderland und das World Trade Center Desaster, Seite 610 ff, s. Lit.-Hinweis Nr. 3,

Dieses „Fünf- Sinne- Gefängnis" ist zwar in eine kaum nachvollziehbare Weise in andere Theorien eingebettet, bezieht sich aber auf die individuelle Einschränkung der Wahrnehmungen, die lediglich durch Sehen, Hören, Riechen, Schmecken und Tasten entstehen.

Diese Art der Wahrnehmung beschränkt sich somit nur noch auf die „wirtschaftlichen Bedürfnisse" und deren materielle Erfüllung, die durch diese fünf Sinne wahrgenommen werden.

Wenn derart eingeschränkte, bedauernswerte Menschen nun glauben, dass die sozialen Bedürfnisse – weil mit den fünf Sinnen nicht wahrnehmbar - nicht existieren, dürften derartige Feststellungen in die Kategorie: „Die Erde ist eine Scheibe", einzureihen sein.

Wirkliche Liebe, Mitgefühl, Zugehörigkeit und Anerkennung sind individuelle Empfindungen, von der jeder weiß, dass diese Empfindungen real existieren.

Bis vor kurzer Zeit waren diese naturwissenschaftlich nicht messbar, daher nicht nachweisbar und auf die Stufe eines „religiösen Glaubens" gestellt, was der breiten Masse – weil diese sonst nichts hatten – zugestanden wurden.

Irrtum der Machteliten, denn heute sind im Zusammenhang mit sozialen Bedürfnissen hormonale Veränderungen nachgewiesen und Aktivitäten bestimmter Gehirnregionen mess- und darstellbar.

Zuvor wurde festgestellt, dass der Mangel an Befriedigung von sozialen Bedürfnissen nur durch eine „Veränderung des eigenen Verhaltens" beseitigt werden kann.

Kann jedoch dieser Mangel durch die Insassen des „Fünf- Sinne-Gefängnisses" überhaupt empfunden werden und ist dieses überhaupt noch veränderbar?

Für einen Teil der Betroffenen mag die Wahrnehmung dieses Mangels noch möglich sein und fragen nach Hilfe (s. Überlastung der Psychiater und die Suizid-Quote).

Wem jedoch das „Auge der Erkenntnis", für Kreativität und Empathie, im Sinne einer emotionalen und/oder sozialen Kompetenz bzw. Intelligenz geblendet wurde und dieser daher soziale Bedürfnisse nicht (mehr) empfinden kann, entsteht die Frage: „Wann und wodurch trat diese „Blendung" ein"?

Reichtum als solches kann es nicht verursachen, denn „Self - made - Typen", wie die derzeitigen „neuen Spitzenmilliardäre", zeigen eine andere Biographie als die der „alten" Machteliten. Zwar Nutzung des derzeitigen Systems, weil sonst nicht wirtschaftlich erfolgreich, jedoch mit Wahrnehmungen, die weit über das „Fünf – Sinne – Gefängnis" hinausgehen und durch Einbringung ihrer Vermögen in Stiftungen, nun Empathie vermuten lassen.

Die Biographie vieler zur „Machtelite" gehörenden Personen lassen jedoch den Schluss zu, dass diese Liebe und Anerkennung „ihrer selbst willen" nie erfahren haben, sei es durch fehlende Familienmitglieder oder Ausgrenzung aus sozialen Verbänden im Sinne von Sonderschulen, Internaten, Spezial-Privat-Hochschulen, Kaderschmieden oder Spezial-Bildungsgängen für Erwachsene (Gehirnwäsche, bzw. in neudeutsch: Konditionierung).

Die schlichte Volksweisheit hat für diese Gruppe keinerlei Bedeutung.

> *"Was Du nicht willst, was man Dir tut,*
> *dass füg´ auch keinem Anderen zu".*

Es gibt – zumindest für mich - kein vorstellbares, anderes Erklärungsmuster für Kriege und rigoroser Ausbeutung anderer Menschen und Völker.

Hier wird nun deutlich, dass zur Lösung des Gesamtproblems der systemtheoretische Ansatz der Kybernetik zwingend ist, denn die Gesellschaft muss auch die Möglichkeiten schaffen, dass das einzelne Individuum seine Bedürfnisse nach Liebe, Mitgefühl, Zugehörigkeit und Anerkennung erfüllen kann, wenn denn eine Identifikation mit der Gesellschaft, dem Staat erwünscht ist..

Die unlösbaren Zusammenhänge zwischen Liebe und Macht, zwischen Egoismus und sozialen Verhalten, zwischen sozialen und wirtschaftlichen Bedürfnissen, zwischen gesellschaftlichen Positionen und (Aus-) Bildung, zwischen Recht und Unrecht, zwischen „Es war schon immer so" und Gerechtigkeit, lassen sich nur ganzheitlich betrachten und lösen (s. Nachtrag zu diesem Buch).

3. Das „liebe" Geld

Die Erfindung des Geldes war und ist ein ideales Mittel, zumindest die wirtschaftliche Bedürfnisbefriedigung in angenehmer Weise zu realisieren.

Jedoch wurde immer wieder dem Geld *„ein Wert an sich"* zugebilligt, was volkswirtschaftlich **unsinnig** ist, denn Geld ist nur ein **Wert-Maßstab** für das, was wir uns leisten oder kaufen wollen, ein **Wert-Aufbewahrungsmittel** und eine **Wert-Teilungsgröße**.

- Wert-Maßstab z.B. 1 Pferd = 100 Hühner,
  1 Huhn = 100 Eier
- Wert-Teilungsgröße z.B. Wie viel Pferd für 1 Huhn ?
- Wert-Aufbewahrungsmittel z.B. trotz Salz und Pökel, Ernte-/ Jagderträge sind kaum lagerfähig.

Letztendlich ist „Geld" nur eine **Verrechnungsgröße** zwischen Gütern und Produktionsfaktoren.

> *Geld ist lediglich der Treibstoff,*
> *der die Volkswirtschaft antreibt.*

Schon der nordamerikanische Indianerhäuptling schrieb 1855 sinngemäß an den „weißen Mann":

„Wenn erst der letzte Fisch gefangen und der letzte Büffel erlegt ist, werdet ihr feststellen, dass man Geld nicht essen kann."

Mit Geld-Summen in **Mrd. € Beträgen** wird der Bürger in die Irre geführt.

Niemand kann sich wirklich irgendetwas unter beispielsweise 30 Mrd. € vorstellen, es klingt unfassbar und ist als Einzelzahl für den Bürger unvorstellbar groß, schließlich könnte man bei etwas Vorstellungskraft damit 30.000 Millionäre schaffen.

Dagegen ist eine Fehlentscheidung eines Ministers über 10 Mill. € eine vorstellbare Summe, die es anzuprangern gilt.

Bei einer Fehlentnahme eines „entscheidungstragenden" Ministers von z.B.

50.000 €,

wird der ganze verdeckte „Sumpf" deutlich und stellt meiner Meinung nach, nur eine Ablenkung von wirklichen gesellschaftlichen Fehlentwicklungen in höchster Potenz dar.

> *Es geht nur um politische Gängelung (Anpassung) niemals um die Summe als solche.*

Kaum jemand kann sich den veröffentlichten **„Zahlensalat"** betreffend der Volkswirtschaft „Deutschland" konkret vorstellen:

Ges.- Bruttovermögen 2002 , s. S. 62 *⁾	9.338 Mrd. €	9.338.000.000.000 €
Auslandvermögen 2003, s. S. 43*⁾	3.177 Mrd. €	3.177.000.000.000 €
Bruttoinlandprodukt 2003, s. S. 17*⁾	2.129 Mrd. €	2.129.000.000.000 €
Volkseinkommen 2003, s. S. 17*⁾	1.572 Mrd. €	1.572.000.000.000 €
Staatsausgaben2003, s. S. 67*⁾	1.041 Mrd. €	1.041.000.000.000 €
Ges. Steuereinnahmen 2003, s. S. 65*⁾	494 Mrd. €	494.000.000.000 €
Beiträge zu Soz. Vers 2003, s. S. 65*⁾	374 Mrd. €	374.000.000.000 €
Absicht – Einsparvolumen für 2006	30 Mrd. €	30.000.000.000 €
Fehlentscheidung eines „Ministers" z.B.	10 Mill.€	10.000.000 €

*⁾ Zahlen aus: 2004 „Deutschland in Zahlen", Institut der Deutschen Wirtschaft, s. Lit.-Verzeichnis

Vorstellbar wird dieser „Zahlensalat" erst dann, wenn die Zahlen des „Staates" bzw. der „Gesellschaft" auf einen normalen „Privat-Haushalt" (sinngemäß um neun Dezimalstellen (!!) gekürzt) übertragen werden.

So kann jeder „Normalbürger" sich und seine Haushaltszahlen mehr oder weniger (in Bezug auf Vermögen) wiederfinden.

Ges.- Familienvermögen	9.338 €
davon im Ausland	3.177 €
Brutto- Familieneinkommen / Monat	2.129 €
Netto- Fam.-Einkommen / Monat	1.572 €
Fam. Ges.-Ausgaben / Monat	**1.041 €**
davon Haushaltsgeld zum Leben	494 €
davon Beiträge zu Soz. Vers	374 €
Absicht - Einsparvolumen für 2006	30 €
Fehlentscheidung „Einkauf"	0,01 €

Die Fehlentscheidung mit 0,01 € wird zu „Peanuts" – was im Nachhinein die Worte des damaligen Vorsitzenden der Deutschen Bank erklärt – die Fehlentnahme ist kaum mehr messbar.

Die Fehlentnahme (Irrtum) eines „entscheidungstragenden" Ministers von 50.000 € reduziert sich auf den Bruchteil eines €-Cents (0,000.050.000 €) und bestätigt die zuvor genannte „politische Gängelung".

Wenn hier eine **langfristige Einsparung von 30 €** ausschließlich durch **Kürzung** des „Taschengeldes" der **schwächsten Familienmitglieder**, den Kindern vorgenommen würde, gäbe es in jedem Privathaushalt **enormen Ärger**.

Jedes „wissende" Familienmitglied würde auf die **Vermögenswerte und dessen Zuwachs** in den letzten Jahren sowie auf das **Auslandsvermögen** verweisen.

Die Volkswirtschaft Deutschland kann auf nachstehende Zuwächse verweisen, deren Verfügungsgewalt auch über die Vermögens-Erträge, **weder** beim Bürger **noch** beim Staat liegt, sondern sich auf wenige Familien oder Konzerne beschränkt.

(Zur „besseren Vorstellung" wie vorher, jedoch ohne „Mrd." lesen).

Ges. Bruttovermögen 1991, s. S. 62*)	5.992 Mrd. €
Steigerung von 1991-2002 um	3.346 Mrd. €
Auslandvermögen 1990, s. S. 43 *)	835 Mrd. €
Steigerung von 1990-2003 um	2.342 Mrd. €

    *⁾ Zahlen aus: 2004 „Deutschland in Zahlen", Institut der
      Deutschen Wirtschaft, s. Li.-Verz.

Diese Zahlen bedürfen keiner Interpretation.

Jeder Leser kann sich seine eigene Meinung bilden und diese bei seinem Abgeordneten hinterfragen.

Geld ist **lediglich** eine Verrechnungs- oder auch Verteilungsgröße für das nachfolgende Kapitel (Problemfeld).

Geld kann man nicht essen.

Um mit **Geld** nun **Geld** zu verdienen wird eine gut funktionierende Volkswirtschaft mit Märkten benötigt.

Am Ende des 12. Kapitels werden Sie erkennen, das es die **größte Desinformation** ist, zu behaupten, eine Volkswirtschaft benötigt dieses Geld.

Die Volkswirtschaften produzieren nach festgelegten Regeln dieses Geld selbst, ob über eine nationale oder europäische Zentralbank.

Auch wenn es individuell immer anders, bzw. schwer zu verstehen ist: „In einer Volkswirtschaft ist auch ohne Moos, immer was los".

Schwarzmärkte und Tauschwirtschaft sind so alt wie die Menschheit.

Heuschrecken (Fondsgesellschaften) und Geldbesitzer verhungern, wenn diese keine Volkswirtschaft finden, die deren Geld „scheinbar dringend" benötigt.

Korrupte oder unwissende (?) Politiker, die zwischen Betriebswirtschaft und Volkswirtschaft nicht unterscheiden können, ebnen diesen „Heuschrecken" den Weg.

Geld macht alles nur einfacher und bequemer.

4. Die Produktionsfaktoren

Alles was jemals gebaut, repariert, gepflegt oder geschaffen wurde, setzte ein Zusammenwirken von Boden, Arbeit und Kapital - den sogenannten Produktionsfaktoren - voraus:

- **Boden** im Sinne von Grundbesitz, Bodenschätzen, Wohngebäuden u.s.w., alles was auf „Boden" jemals gebaut wurde, wächst oder in ihm enthalten ist.
- **Arbeit** im Sinne von manuellen, geistigen oder organisatorischen Tätigkeiten des Menschen.
- **Kapital** im Sinne von bleibenden Wertschöpfungen aus Boden und Arbeit, wie z.b. Maschinen, Roboter, Fabriken, Anlagen, Straßen, Flugzeuge, Autos etc., die für einen Produktionsprozess benötigt werden, entstanden aus **Konsumverzicht**.

Eingangs unter Begriffsklärung, wurde bereits auf das Problem aufmerksam gemacht:

> *Ohne Konsumverzicht ist eine Kapitalbildung*
> *aus dem Zusammenwirken von Arbeit,*
> *Boden und Bodenerträgen undenkbar.*

Es ist und bleibt ungeklärt, wer zur Kapitalbildung gerechterweise auf „*Konsum verzichten*" soll („Trümmerfrauen" und „Wiederaufbauende" nach dem Krieg zeigen die Grundproblematik.

Diese Fragestellung ist bereits eine „hochbrisante politische Frage".

Sachlogisch sollte denjenigen, die Konsumverzicht üben, das entstehende Kapital gehören.

Jedoch, welche Folgen zeigte der Konsumverzicht bei den Trümmerfrauen, die nach dem Krieg 1945-47 ohne Entgelt ihre Miet-Wohnungen aufbauten oder bei den „Wiederaufbauenden" in der Industrie, die bis 1960 nur „Niedrigstlöhne" erhielten, weil die Industrie „investieren" musste?

Im Zusammenhang mit der im letzten Kapitel genannten Geldvermehrung bleibt auch hier die Frage unbeantwortet, wer denn nun in den letzten 20 Jahren auf „Konsum verzichtete".

> *Der volkswirtschaftliche Begriff „Arbeit" ist den*
> *„Arbeitern" abhanden gekommen.*

Auch bei dem Begriff „Arbeit" findet eine Begriffsverwirrung statt.

Gibt der „Arbeitgeber" Arbeit oder lediglich einen Platz für Arbeit ?

Nimmt der „Arbeitnehmer" Arbeit an oder lediglich einen Platz auf dem seine Arbeit eingesetzt wird.

Die größten Müßiggänger bezeichnen alle ihre Tätigkeiten als „ich muss noch arbeiten", anstatt: „Ich muss meine Segeljacht aufräumen / den Tennisplatz säubern / das Reitpferd striegeln".

Workaholics und Personen, die ihr Hobby zur Beschäftigungsquelle gemacht haben, reklamieren auch für Ihre Tätigkeiten den Begriff: „Ich muss arbeiten" und erwarten dafür auch noch eine „fürstliche Entlohnung".

„Arbeit" ist soziologisch nichts anderes als „fremdbestimmte Tätigkeiten des Menschen zur Existenzsicherung".

Nicht der Arbeitgeber besitzt den Produktionsfaktor „Arbeit".

Im Gegenteil: Er benötigt den Produktionsfaktor Arbeit, d. h. die „Arbeitskraft der Menschen, um seinen Produktionsprozess oder Dienstleistungsbereich" aufrecht halten zu können.

Boden, Arbeit und Kapital sind in einer modernen Volkswirtschaft an der Wertschöpfung derart unlösbar verbunden, dass keine Wertschöpfung ohne eine dieser drei Produktionsfaktoren stattfinden kann.

Ausschließlich der Mensch als „Privatperson" besitzt den Produktionsfaktor „Arbeit", ohne den keine Produktion funktioniert.

Er ist für die Mehrheit der Menschen das Einzige, was sie besitzen, um im „Eintausch" gegen Geld (Lohn, Gehalt etc.) alle **wirtschaftlichen** Bedürfnisse zu befriedigen.

Dass „Arbeit" nicht gleich Arbeit ist, wurde durch die eingangs festgestellten manuelle, geistige oder organisatorische Tätigkeiten des Menschen, schon angedeutet. Dementsprechend, weil von Menschen erbracht, sind die Arbeitsbedingungen, die Kreativität und die zu tragenden Verantwortung bei der Bewertung zu berücksichtigen.

Seit Generationen findet auch eine Wissensanhäufung statt, die jeder einzelne Mensch durch seine Ausbildung und Rückkoppelungen innerhalb des Arbeitsprozesses und auch in seiner Freizeit beliebig steigern kann, d. h. der Mensch kann seine Arbeit wertvoller - weil kreativer, produktiver – machen.

Die Bewertung dieser unterschiedlichen „Arbeiten" (allgemein bekannt unter „Refa"- Studien) ist zwar ein nicht auszuklammerndes Thema, welches zur Begründung der exorbitanten „Managergehälter" herangezogen wird, **zuvor jedoch** muss im nächsten Kapitel das Grundproblem in unserer Gesellschaft verdeutlicht werden.

5. Die Einkommensarten und die Verteilung an die Produktionsfaktoren

Es verbleibt die uralte bis heute ungelöste Frage der Politik, der Gesellschaftsordnung – nicht der Marktwirtschaft als solche - nach der „gerechten Verteilung" des Produktionsergebnisses an die Besitzer (nicht Verwalter bzw. Manager) der Produktionsfaktoren (Privatpersonen oder Staat).

Wie verteile ich das Produktionsergebnis gerecht auf die Einkommen aus **Boden** (Rente, Miete, Pacht etc.), **Kapital** (Zins, Dividende, etc.) und **Arbeit** (Lohn, Gehalt etc.)?

An einem Beispiel der Neuzeit, das jeder Autofahrer nachempfinden kann, soll dies näher erläutert werden:

**„Sie haben an Ihrem Auto einen Kupplungs-Schaden";
irgendwo in einer fremden Stadt am Samstagnachmittag**

An einer Tankstelle „ohne Service" ist zwar noch eine Hebebühne, jedoch weder Werkzeug noch Monteur vor zufinden.

Der Kassierer sagt, er kenne einen Mechaniker der reparieren kann und auch jemanden (auf der anderen Straßenseite) der Werkzeug hat.

Der Monteur baut mit dem ausgeliehenen Werkzeug die Kupplung aus.

Sie besorgen mit dem Taxi die Ersatzteile von einem Autoverwerter.

Ihr Fahrzeug wird fertig.

Sie legen **100 €** auf den Tisch und jetzt geht es los:

Wem steht das Produktionsergebnis für die Reparatur (Wertschöpfung) von 100 € zu oder „Wem" steht **welcher Anteil** zu?

- Wieviel „€" soll der Werkzeugbesitzer (z.B. Witwe mit drei Kindern) bekommen, für den Einsatz des Produktionsfaktors **„Kapital"**?

- Wieviel „€" soll der Tankwart für die Hebebühnebenutzung bekommen, für den Einsatz des Produktionsfaktors **„Boden"**?

- Wieviel „€" soll der Monteur für seine **„Arbeit"** bekommen?

Stop

Bevor Sie weiterlesen !

Wollen Sie mit anderen darüber diskutieren ?

> *Hiermit können Sie, lieber Leser, eine kräftige und starke Diskussion in Ihrer Familie oder Ihrem Freundeskreis entfachen.*

Hierbei wird deutlich, dass erst bei der

Verteilungsproblematik

die „Politik", d.h. die „Gesellschaftsordnung" - die alles Wirtschaftliche überlagert - ins Spiel kommt.

Nach welchen Normen und Gesetzmäßigkeiten soll der Betrag der „Wertschöpfung" von 100 € verteilt werden unter der Annahme, dass alle Beteiligten ausschließlich davon leben müssten ?

Zeichnen Sie sich diese Tabelle ab und diskutieren Sie mit Argumenten!

Teil-nehmer	Einnahmen	Verteilungs-prinzip	Kapital	Boden	Arbeit
	100 €		? €	? €	? €
	100 €				
	100 €				
	100 €				
	100 €				

Die erste Hilfestellung:
Wie soll nach welchem Prinzip verteilt werden?

Hier einige Prinzipien für eine mögliche Verteilung:

Einnahmen	Verteilungsprinzip	Kapital	Boden	Arbeit
100 €	Sozialprinzip	? €	? €	? €
	Gleichheitsprinzip			
	Machtprinzip			
	Rechtsprinzip			

Stop:

Wenn Sie umblättern, bekommen Sie bereits die Lösung und die Diskussion ist zu Ende.

Die derzeit aktuelle Antwort : **Nach dem Rechtsprinzip:**

Nach diesem Prinzip bekommt derjenige, dem der Boden (Tankwart) gehört, **alles.**

Die anderen müssen diesen ggf. auf ungerechtfertigte Bereicherung verklagen, weil keine vertragliche Vereinbarung existiert.

Einnahmen	Verteilungsprinzip	Kapital	Boden	Arbeit
100 €	Rechtsprinzip*⁾	60 €	10 €	30 €

*) Über diesem scheinbar „natürlichem Rechtsprinzip", weil Eigentumsgarantie an Grund und Boden, steht dann:

Das Vertragsprinzip: Nur im Vertrag kann alles geregelt sein.

Nach welchen Normen und Vereinbarungen oder mündlichen Verträgen haben Sie aufgeteilt ?

Hier, lieber Leser, einige nachgereichten Aufteilungsmöglichkeiten:

Nach dem Machtprinzip: Derjenige, der die stärksten Fäuste hat, bekommt alles !

Nach dem Gleichheitsprinzip: Alle drei Produktionsfaktoren wirken bei der Wertschöpfung mit, dementsprechend bekommt jeder ein Drittel.

Nach dem Sozialprinzip: Nach Kopfzahl aufteilen

Nach dem Leistungsprinzip: Alles der Monteur, denn nur dieser hat jetzt etwas geleistet.

Die weitere „strittige" Frage:

An welcher Stelle dieses Wertschöpfungsprozesses oder zu welchem Zeitpunkt in diesem Wertschöpfungsprozess, greift der Staat zur Erfüllung der gesamt-gesellschaftlichen sozialen Aufgaben ein?

Wann bekommt der Staat seinen Anteil zur Erfüllung der gesamt-gesellschaftlichen sozialen Aufgaben?

Die vollständige Verfügungsgewalt über das Produktionsergebnis – weil auch die Produktionsfaktoren alle unter staatlicher Verfügung waren (einschließlich der Menschen) – war bekanntermaßen der Kommunismus in seiner Ideal-Vorstellung.

Wie der real-existierende Sozialismus aussah, ist bekannt, die Ursachen sind in den nachfolgenden Kapiteln zu finden.

Der derzeitig in „Demokratien" praktizierte Zugriff des Staates beschränkt sich **bedauerlicherweise** ausschließlich auf das entstehende Einkommen aus den Produktions-Faktoren, hier: Arbeit.

Um bei dem vorhergehenden Beispiel zu bleiben.

Einnahmen	Kapital	Boden	Arbeit
100 €	ca. 60 €	ca. 10 €	ca. 30 €

Anmerkung:

Der Staat greift hier bei der „Arbeit" mit z. Z. ca. 18 € von 30 € seinen Anteil (ca. 18 % Lohnsteuer + 42 % Sozialversicherungsbeiträgen) über den Arbeitgeber unmittelbar vom Produktionsfaktor „Arbeit" ab.

Bezogen auf die derzeitige Realität:

Egal ob tatsächlich diese Einnahme für einen Arbeitgeber auch einen Überschuss erzeugt, der Arbeitgeberanteil zur Sozial-Versicherung. von z. Z. 21 % (hier: 6,30 €) muss auch bei Verlusten (Substanzverzehr) gezahlt werden.

Der die beiden anderen Produktionsfaktoren belastende Anteil „Mehrwertsteuer", wird möglicherweise überhaupt nicht gezahlt, sondern mit Vorsteuern aus „anderen Situationen", d.h. mit anderen steuerlichen Gestaltungsmöglichkeiten verrechnet.

Die Bezieher der Einkommen aus Boden und Kapital würden aufschreien und den Untergang der industriellen Gesellschaft an die Wand malen, wenn diese ebenfalls mit ca. 60 % gesellschaftlichen Aufgabenfinanzierung belastet würden

Das andere Lösungen - gerade für die Soziallasten der Gesellschaft und deren Zukunftsfähigkeit - zwingend sind, liegt auf der Hand (s. S. 74, bzw. diese Rückseite als Vorschau).

Vorschau, siehe auch Seite 74

Ein weiterer **Sonderdruck** aus „**Das Mandarin(en) -Syndrom**" ist :

Das „SCHarm"-Modell
Social (**C**) Kosten **Harm**onisation
Gesicherte Renten und Krankenversorgung
bei einer gerechten Verteilung der Soziallasten
statt
ausgequetschte Arbeitnehmer- und ArbeitgeberInnen

Illustration
von Jörg
Spriewald

Wollen Sie direkt alle Ursachen und Vorschläge kennenlernen ?
Dann empfehle ich:

„Das Mandarin(en) – Syndrom"
oder
- Die ausgequetschte Gesellschaft -

Illustration
von Andreas
Wirtz

Dort werden die Versäumnisse und Missstände beschrieben und in
verschiedenen, miteinander unlösbar verbundenen Bereichen der
Volkswirtschaft, Lösungsvorschläge entwickelt, die letztlich die
Gesellschaft durch eine verstärkte Chancen-, Bildungs-, Risiko-, Unter-
nehmens- und Steuergerechtigkeit **zukunftsfähig** machen können.

6. Die Bewertung (Bezahlung) der menschlichen Arbeit („SPALG"-System)

Schon eingangs stellte ich fest, dass nach meiner Meinung jeder wie „Gott in Frankreich" leben darf , wenn er dafür auch Leistung für die Gesellschaft gebracht hat, jedoch bitte in einem **angemessenen** Verhältnis zu denen, **die auch 8 Stunden pro Tag gearbeitet** haben (ob 10 oder 50-fach, mag diskussionswürdig sein, nicht jedoch 100 bis -1.000-fach).

Hier soll nun verdeutlicht werden, wie die einzelnen manuellen, geistigen oder organisatorischen Tätigkeiten des Menschen zu bewerten sind.

6.1. Grundsätzliches

Wie kann ein Bewertungssystem für die berufliche Tätigkeit von Menschen die ca. 6 - 9 h täglich arbeiten, entstehen und welche Faktoren oder Bedingungen sind für eine Bewertung ausschlaggebend, damit nicht nur eine **gerechte Entlohnung** stattfinden kann, sondern auch vom Lohnbezieher, d.h. Arbeitsbesitzer als gerecht empfunden werden kann.

Die derzeitigen Systeme, sei es im Bereich der Arbeitszergliederung (Refa-System) oder innerhalb betriebsinternen bzw. gewerkschaftlichen Tarifstrukturen mit Arbeitsplatzbewertungen, liefern keine Grundlage für ein „einheitliches" Bewertungssystem, dass dem Vorgenannten entspricht.

Eine „Systematische Punktbewertung zur Arbeitslohn Gerechtigkeit" wurde vom Autor - das „SPALG"-System - entwickelt (aus: Das Mandarin(en)-Syndrom", s. Lit.-Verzeichnis), welches nicht den Anspruch auf Vollständigkeit erhebt, aber: „Weniger ist mehr", insbesondere in Bezug auf eine einfache Anwendung.

Die möglichen zu bewertenden Tätigkeiten lassen sich in zwei zusammenhängende Hauptgruppen - Wissen und Können – darstellen, die sich durch jeweils besonders differenzierte Anforderungen an Körper, Geist und Seele (hier nicht im methaphysischen Sinne, sondern als menschliche Psyche) kennzeichnet.

Neben den Arbeitsbedingungen unter denen Menschen tätig sind, ist auch der Einsatzbereich zu berücksichtigen und nicht zuletzt auch die Verantwortung, die der Arbeitende für seine Tätigkeiten trägt.

Im Grunde wäre dieses alles. - Zu einfach ?

Bisher wurde nicht berücksichtigt – und wird es auch nicht in diesem System - die sicherlich hoch angesiedelte Fähigkeiten des Menschen in schöpferischen Bereichen der Kreativität, sei es im Entertainment, Künstlergalerien, Entwicklungsbüros oder Forschungslabors oder in Politik oder Gesellschaft.

Diese **„unbezahlbaren"** Fähigkeiten können nicht erfasst werden und sind daher wie der Name schon sagt: „Nicht zu bezahlen".

Diese Fähigkeiten lassen sich nicht ausbilden, sind nicht messbar und können daher bei einer Einstellung nicht berücksichtigt werden.

Jemand hat diese Begabungen oder er hat sie nicht, bestenfalls kann die Gesellschaft dafür Sorge tragen, dass diese Begabungen von Kindern und jungen Menschen innerhalb des Bildungssystems nicht zerstört werden oder verkümmern.

Die Fähigkeiten junger Menschen müssen sich über das reine affektive Verhalten zur kognitiven Verarbeitung bis hin zur Erarbeitung eigener Transferleistungen entwickeln können.

Derartig vorhandene und nicht unterdrückte, „unbezahlbare" Fähigkeiten werden in den Bewertungsstrukturen nach „SPALG" ihren Niederschlag finden, denn ohne derartige Fähigkeiten werden Berufspositionen mit Spitzenbewertungen (= Spitzengehälter) nicht zu erreichen sein.

Weitere Ansätze zur Lösung gesellschaftlicher Probleme sind die derzeitigen Diskussionen über ein „Grundeinkommen" oder auch „negative Steuermodelle", ob „bedingungslos" oder „bedarfsorientiert" mag hier noch nicht diskutiert werden.

Jedoch ein Ergebnis einer derartigen Diskussion kann nur sein, dass ca. 20 % unterhalb eines gesetzlichen Mindestlohnes ein derartiges „arbeitsfreies" Einkommen,. im Sinne der zuvor getroffenen Definition des Begriffes „Arbeit", liegen darf.

Diese Entscheidungsgründe sind jedoch nicht der Volkswirtschaftslehre zu entnehmen, sondern der Politik, der Gesellschaftsordnung, die sowohl das **„Grundeinkommen"**, sowie den **„Mindestlohn"** festlegen und das **„Gesamteinkommen"** durch fiskalische Maßnahmen (Progression) begrenzen muss.

6.2. Problemstellung

Wie kann ein differenzierendes Bewertungssystem für die extrem unterschiedlichsten beruflichen Tätigkeiten von Menschen – hier an zwei Beispielen dargestellt - die ca. 6 - 9 h täglich arbeiten und der Auslastungsgrad bei 80 % liegt (höhere Auslastungen bedingen auch ein Prämien- oder Beteiligungssystem, s. Kapitel 7), gefunden werden.

Wie kann eine **gerechte Entlohnung** ermittelt werden, die auch vom Bezieher (Arbeiter, Angestellter, Beamter, Manager) für seine

Ausbildung, seinen Einsatz unter extremen Bedingungen und der zu tragenden Verantwortung, als gerecht empfunden werden kann und gleichzeitig, unter Anerkennung seiner Leistungen, auch von der Restgesellschaft ohne jedes Neidgefühl akzeptiert wird ?

Anmerkung: In den nachstehenden Beispielen soll weder ein Telefonist noch ein Krankenhausarzt in seinen Tätigkeiten diskriminiert werden, sicherlich sieht jeder individuelle Arbeitsplatz anders aus.

Diese Beispiele sind nur der Ansatz einer Analyse der Tätigkeiten und des Umfeldes, unter denen Menschen tätig sind und sollen nur zur beispielhaften Problemverdeutlichung genutzt werden.

6.2.1. Beispiel : Telefonist (egal ob ♀ oder ♂)

Mittels einer langfristigen Beobachtung und Bewertung der temporären Arbeitssituationen könnte festgestellt werden:

- Die körperliche Beanspruchung ist minimal (gering)

- Eine spezielle Ausbildung, die über eine Einweisung hinausgeht, ist nicht notwendig. Die bisherigen schulischen Lernziele reichen als Wissensgrundlage vollständig aus.

- Während der Tätigkeit werden Einzelanrufe hintereinander abgewickelt, Warteschleifen sind unbekannt

- Die Telefonzentrale ist ein klimatisierter Raum ohne Witterungs- und Lärmbelästigung

- Die Kontaktnahme erfolgt ausschließlich in deutsch (nur einsprachig) und nur deutschsprachiges Klientel ruft an.

- Die Arbeitszeit ist geregelt nur 5 Tage die Woche von 8.^{00} Uhr - 17.^{00} Uhr

- Die Firma, in der sich diese Telefonzentrale befindet, ist eine reine Verwaltungszentrale

- Mögliche Vermittlungen an andere Telefone erfolgen per Knopfdruck, automatisch vom Telefoncomputer.

- Im gesamten Arbeitsfeld ist keine irgendwie zusätzliche Verantwortung, die über die der eigenen Person (Pünktlichkeit, Ehrlichkeit) hinausgeht, erkennbar.

6.2.2. Beispiel: Krankenhausarzt (egal ob ♀ oder ♂)

Auch hier könnte mittels einer langfristigen Beobachtung und Bewertung der temporären Arbeitssituationen festgestellt werden:

- Die körperlichen Tätigkeitsanforderungen innerhalb der Operationen und Patientenumbettungen übersteigen die normalen körperlichen Kräfte erheblich, sie sind mit denen eines Handwerkers vergleichbar,

- Als berufliche Einstellungsvoraussetzung ist Hochschulaus-bildung erforderlich

- Es werden immer mehrere Patienten parallel behandelt, d.h. vor dem Abschlussgespräch mit dem einen Patienten, dem noch durch einen Krankenpfleger ein Verband angelegt wird, wird bereits ein andere Patient notfallmäßig versorgt. Weitere Patien-ten warten im Flur mit fragenden / bittenden Augen.

- Die Behandlungen und Operationen finden in klimatisierten Räumen statt

- Die Kommunikation mit Patienten und Kollegen erfolgt in deutsch (einsprachig), die Patienten sind jedoch internatio-nal, d.h. diese erwarten Antworten in englisch oder franzö-sisch oder arabisch.

- Die Arbeitszeit erstreckt sich über die gesamte Woche. Nach 7 – Tage-Wechsel Arbeitszeit werden 2 Tage Pause zugebilligt.

- Das ärztliche Arbeitsgebiet ist den Dienstleistungen zuzuordnen.

- Die Handlungen erfolgen nicht nur weisungsfrei, sondern es werden kontinuierlich eigene Entscheidungen erwartet.

- Die Verantwortung für das eingesetzte ärztliche Assistenz-personal und auch für die Patienten liegt beim Arzt.

- Der sorgsame Umgang für medizinische Geräte und wirt-schaftliche Umgang mit Hilfs- und Verbandsmitteln unter-liegt der Aufsicht und somit ebenfalls im Verantwortungsbe-reich des Arztes, auch wenn dieses „wegdelegiert" ist.

6.3. Kriterien der Arbeitsbewertung

Als Lösungsansatz des Problems wird eine Arbeits-Bewertungsmatrix gewählt, die vier zu bewertende Hauptbereiche in 10 Teilbereiche der Arbeitsbewertung innerhalb der vertikalen Tabellenrichtung unterteilt, wobei für jeden dieser Teilbereiche vier Belastungsarten in horizontaler Tabellenrichtung zugeordnet sind, aus denen zwischen 1- 10 Bewertungspunkten auszuwählen sind.

Dieses soll bedeuten, dass jede menschliche Arbeit bei dem Vor-handensein des Tabellenmerkmales zwischen 1- 10 Bewertungs-punkte zugeordnet bekommt, wobei der Maximal-Wert 100 beträgt.

Im Einzelnen:

6.3.1. Wissen & Können

Zwischen Wissen und Können kann nicht differenziert werden, denn Können setzt Wissen voraus und Wissen alleine entzieht sich einer praktischen Beurteilung, wenn es nicht angewendet wird, d.h. durch „Können" nachgewiesen wird.

Wie Körper, Geist und Seele (Psyche) eine Einheit bilden, ist auch das körperliche Können & Wissen, vom geistigen Können & Wissen und von der psychischen / mentalen Verfassung abhängig und liegt latent bei **allen** Arbeitnehmern vor.

Lediglich der Grad der Belastung im Sinne von Anforderung ist zu differenzieren.

Körperlich: Von leichter Bürotätigkeit über stehenden, gekrümmten Tätigkeiten, erstklassigen handwerklichen Fähigkeiten bis hin zu „schwerer Knochenarbeit" auf dem Bau oder in Stahlwerken.

Geistig: Mit dem „Normalwissen" zu erfassende Sachverhalte, über Spezialwissen eines Ausbildungsganges, dem naturwissenschaftlichen Erfassen bestimmter Vorgänge und Abläufe bis hin zur wissenschaftlicher Erkenntnisjagd erstrecken sich die menschlichen „Wissens & Können" – Ebenen

Psychisch: Ohne jegliche Aufregung wird eine Tätigkeit nach der nächsten erledigt, wogegen in anderen Tätigkeitsfeldern mehrere Aufgaben parallel erledigt werden, weil die eine Tätigkeit erst nach Zulieferung durch Andere fertiggestellt werden kann.

Zusätzlich dazu noch Fragen von Kunden, Anfragen von Mitarbeitern oder sogar dazu bereits die nächsten Aufträge / Patienten anzunehmen und sachgerecht behandeln erzeugt eine psychische Belastung, die bei Überlastung (kaum jemand merkt es) zum „Burn-out-Syndrom" führen kann.

6.3.2. Arbeitsbedingungen

Hier treten körperliche, geistige und psychische Arbeitsbedingungen gemeinsam auf, liegen somit latent immer vor und sind für jeden Arbeitnehmer zu berücksichtigen.

Lediglich der Grad der Belastung der unterschiedlichsten Bedingungen ist zu differenzieren.

Körperlich: Von Tätigkeiten in klimatisierten Räumen über Außendienst, möglicherweise noch bei allen Witterungs-

bedingungen, bis hin zu Tätigkeiten unter hoher Staub-
und Lärmbelastung bis an die Grenzen der berufsge-
nossenschaftlichen Zulässigkeit, sind hier Differenzie-
rungen vorzunehmen.

Geistig: Neben allen, zuvor bereits berücksichtigten Wissen &
Können, werden hier Anforderungen gestellt, die eine
geistige Flexibilität voraussetzt.
Arbeite ich in meiner Landessprache unter Gleichsprechenden
oder wird eine Mehrsprachigkeit verlangt oder sind in meinem
unmittelbaren Arbeitsumfeld Menschen unterschiedlichster
Kultur- Sprachherkunft anwesend oder liegt sogar alles vor ?

Psychisch: Immer unterschätzt, jedoch zum Teil unzumutbare
Arbeitsbedingungen, die weder körperlich noch geistig
verarbeitet werden müssen. Regelmäßige Arbeitszeiten
bis hin zu 7 Tage Wechselschicht bedingen eine unterschiedliche Bewertung der Arbeit

6.3.3. Arbeitseinsatzbereich

Zwischen Verwaltungstätigkeiten, von deren Erledigung, nicht wie
bei Produktionsabläufen, die Existenz der Firma auf dem Spiel
steht, liegen Wirtschaftbereiche, die zukünftig, in mehr oder weniger ausgeprägter Weise, das Unternehmen zukunftsfähig und damit
ertragsstark machen. Sachlogisch liegt bereits eine unterschiedliche
Wertigkeit (Bezahlung) in der Praxis vor, die hier auch durch eine
unterschiedliche Punktbewertung berücksichtigt wird.

Dieses trifft auch auf die Entscheidungsbereiche zu und in welchem
Umfang / Grad Weisungen zu beachten, sowie eigene Entscheidungen zu treffen sind.

6.3.4. Verantwortung

Je nach Tätigkeitsfeld sind Verantwortung für das eigene Handeln
in Bezug auf Mitmenschen, ob Mitarbeiter, Käufer, Patienten oder
unbeteiligte Bevölkerung zu tragen (es sei an dieser Stelle an Atom-
Kraftwerke erinnert).

Letztgenanntes zeigt auch den Verantwortungsbereich für Boden
und Kapitaleinsatz.

Der Unterschied, ob lediglich Werkzeuge oder Anlagen betroffen
sind, ob durch eine Entscheidung die nähere Umwelt oder sogar die
Volkswirtschaft gefährdet ist, wurde bisher übergewichtig zur Begründung der extremen Managergehälter herangezogen.

6.4. Die Bewertungsmatrix

Kriterien / Anforderungsprofile an den Produktionsfaktor "Arbeit"

Spalte Bewertungs-Punkte	a 1 - 2	b 3 - 4	c 5 - 7	d 8 - 10	Kategorie
Art der Arbeit — Belastung	niedrig leicht	mittel	hoch	sehr hoch sehr schwer	
Können / Wissen körperlich	Büro	Planung / Konstruktion	Handwerk	Bau- /Wald- / Gießereiarbeit	1
Können / Wissen geistig	Anlernberuf	Facharbeiter / Fachschule	FH- Ausbildung	Hochschul- ausbildung	2
psychisch	Reihen- Einzeltätigkeit	Parallel- Einzeltätigkeit	Reihen-Mehr- fachtätigkeit	Parallel-Mehr- fachtätigkeit	3
Arbeits- Bedingungen körperlich	Klimatisierte Räume	Aussendienst / wechs. Arbeitsstelle	bei allen Witterungsbedin- gungen	Hochtemp. Bereich / Staub /Schmutz	4
Arbeits- Bedingungen geistig	Monokultur / einsprachig	Monokultur / mehrsprachig	Multikultur / einsprachig	Multikultur / mehrsprachig	5
psychisch	normale Arbeitszeit	Wechselnde Tagesarb.-Zeit	24 h- Wechsel- Arb.-Zeit	7 Tage Wechsel- Arb.-Zeit	6
Arbeits- Einsatz- bereich Arbeits- gebiet	Verwaltung	Dienstleistung / Verkauf	Forschung / Entwicklung	Produktion	7
Arbeits- Einsatz- bereich Ent- scheidungen	Automaten	weisungs- gebunden	zzgl. mit Teil- entscheidungen	Weisungsfrei / Entscheidungen	8
Ver- antwortung für Menschen	Mitarbeiter / Kollegen	zzgl. Kunden / Käufer / Patienten	zzgl. unbeteiligte Bevölkerung	zzgl. unbeteiligte globale Bevölkerung	9
Ver- antwortung für Boden / Kapital	Werkzeuge / Material	Maschinen / Warenbestände	Anlagen / Umwelt	Volks- und Weltwirtschaft	10

Jeder Erwerbstätige unabhängig von allen Fähigkeiten, ohne Verantwortung für sein Handeln wird immer auf mindestens 8 Punkte innerhalb dieser Bewertungstabelle kommen (= gesetzlicher Mindestlohn).

Min.- Bewertungspunkte: **8**   max. Bewertungspunkte **100**

Es entsteht zwischen diesen Grenzpunkten ein Faktor: 1: 12,5

Mögliche **Risiko-Zuschläge** auf die Summe der Bewertungspunkte sind angezeigt, da nahezu jede gleichartige berufliche Tätigkeit mit und ohne nachstehende Risiken existiert:

- Gefahren für die eigene Gesundheit / Unfall / Tod   + 30 %

- einer strafrechtlichen Verfolgung aufgrund eines „Arbeitsfehlers" + 20 %

- möglichen Verlust des Unternehmens   + 20 %
  bzw. möglichen Verlust des Arbeitsplatzes   (+10 %)

- für den Verlust des Gesamtvermögens (Einzelunternehmer) + 30 %

6.5. Die Bezahlung der menschlichen Arbeit

Leistungszuschläge für „Zeit- oder Stückakkord" sind bei einer Summe bis zu 50 (?) Bewertungspunkten sicherlich auch zu berücksichtigen.

Dieses sollte aber, wie auch Nachstehendes, Verhandlungssache der Vertragspartner (Tarifpartner) sein.

Wird bei einem „ausgehandelten" Punktwert ein Währungsbetrag von 100 € eingesetzt, denkbar sind auch andere Multiplikatoren , entsteht ohne Berücksichtigung des Risikos ein mögliches monatliches Einkommen zwischen:

Mindestens: **800 €** (Mindestlohn?)   Maximal: **10.000 € /Monat**

Bei Berücksichtigung **aller** maximalen Risikozuschläge mit 100 % (= 30 + 20 + 20 + 30) würde nun eine maximale Bewertungspunktzahl von **200** oder auch das **25-fache** des Mindestlohnes entstehen, bzw.

Maximal:. **20.000 € /Monat oder 240.000 €/Jahr !**

Wessen Arbeit ist noch mehr Wert ? Wer braucht noch mehr Geld?

Weder Arbeit noch andere Einkommensarten sollten in 5 Jahren einen Vermögensmillionär erzeugen können, einen Einkommensmillionär sollte es nicht geben. Was will ein Mensch mit einem derartigen Einkommen, außer Machtausübung (s. Kapitel 1) ?

Für **Diskussionen** ob die Klassifizierung der Arbeitsarten (vollständig ?), der Belastungsstufen (vollständig ?) und deren Bewertung (angemessen ?) oder für die Höhe Ihrer „Bezüge" als Bezahlung des Produktionsfaktors „Arbeit", bleibt hier **noch mehr Spielraum** als bei der Verteilung zwischen den Produktionsfaktoren.

Weitere Diskussionen werden auch über die sicherlich notwendigen Risikozuschläge möglich sein (in welcher Höhe ?) und können zu unterschiedlichen Ergebnissen führen.

Vorsicht vor einer „**selbstzerfleischende** Diskussion" der Arbeitnehmer untereinander über eine „gerechte Bewertung" (Solidarität ist angesagt).

Achtung - Ablenkungsmanöver: Kapital- und Bodenbesitzer forcieren diese Diskussion, denn es lenkt von der Lösung gesellschaftlicher Grundprobleme (s. Kapitel 5) ab, jedoch reklamieren für sich (mit Recht) - zur Verwaltung dieser Produktionsfaktoren - enormes Wissen und auch Zeit zu benötigen, so dass dieses durchaus Berücksichtigung finden sollte.

Einige Wissenschaftler erzeugen auch noch weitere Produktionsfaktoren, wie z.B. das „Know how". Jedoch nach meinem Erkenntnisstand haben weder Geldscheine (Kapital) noch Nüsse(Bodenerträge) ein „Know how", was als Produktionsfaktor zur werten wäre.

„Know how" haben ausschließlich Menschen, daher gehört dieses zum Produktionsfaktor Arbeit und bedarf keiner besonderen Bezahlung.

6.6. Beispielsweise Umsetzung des „SPALG"-Systems

Wie unter Punkt 6.2. beschrieben, soll mit nachstehenden Beispielen weder ein Telefonist noch ein Krankenhausarzt in seinen Tätigkeiten diskriminiert werden, sicherlich gestaltet sich jeder Arbeitseinsatz an irgendeinem Arbeitsplatz individuell anders.

Beispiele zur Anwendung der Bewertungstabelle, siehe Abschnitt 6.4.

6.6.1. Beispiel : Telefonist (egal ob ♀ oder ♂)

Beruf	Kat.-Zeile	**Art/Bedingung**	Punkte aus Spalte
Telefonist:	1	Geringe Körperliche Belastung	a
	2	ohne Ausbildungsberuf	a
	3	Einzelanrufe- hintereinander	a
	4	klimatisierter Raum	a
	5	nur einsprachig, deutsche Klientel	a
	6	8-17.°° Uhr	a
	7	reine Verwaltung	a
	8	Vermittlung automatisch	a
	9	keine Verantwortung	-
	10	keine Verantwortung	-

6.6.2. Beispiel : Krankenhausarzt (egal ob ♀ oder ♂)

Beruf	Kat.-Zeile	**Art/Bedingung**	Punkte aus Spalte
Arzt:	1	Handwerkerähnliche körperliche Belastung	c
	2	Hochschulausbildung	d
	3	Mehrere Patienten parallel und hintereinander	d
	4	klimatisierter Raum	a
	5	Einsprachig, internationale Patienten	c
	6	7 – Tage-Wechsel Arbeitszeit	d
	7	Dienstleistungen	b
	8	Weisungsfrei mit Entscheidungen	d
	9	Verantwortung für Personal und Patienten	b
	10	Verantwortung für med. Geräte und Hilfsmittel	b

Die Übertragung in die folgende Vergleichstabelle mit den sachgerechten (?) Bewertungspunkten, multipliziert mit dem möglichen €- Wert (s. S.44) erzeugt nun vergleichbare und angemessene (?) Gehälter, die Bezahlung des Produktionsfaktors „Arbeit".

Tragen Sie auch für sich die entsprechenden Punkte in die nachstehende Tabelle ein!

6.6.3. Ermittlung der Arbeitswerte /Entlohnung der Beispielsberufe

Bewertungs-Punkte			Willkürlich ausgewählte Berufe					
Art der Arbeit	Belastung	Kat	Telefonist	Pkt	Arzt	Pkt	Ihr Beruf	Pkt
Können / Wissen	körperlich	1	Büro	1	Handwerk	7		
	geistig	2	Anlernberuf	2	Hochschulausbildung	10		
	psychisch	3	Reihen-Einzeltätigkeit	1	Parallel-Mehrfachtätigkeit	10		
Arbeits-Bedingungen	körperlich	4	Klimatisierte Räume	1	Klimatisierte Räume	2		
	geistig	5	Monokultur / einsprachig	2	Multikultur / einsprachig	6		
	psychisch	6	normale Arbeitszeit	1	7 Tage Wechsel-Arb.-Zeit	10		
Arbeits-Einsatz-bereich	Arbeitsgebiet	7	Verwaltung	1	Dienstleistung / Verkauf	4		
	Entscheidungen	8	Automaten	2	Weisungsfrei / Entscheidungen	10		
Verantwortung für	Menschen	9	Mitarbeiter / Kollegen	0	Personal / Patienten	4		
	Boden / Kapital	10	Werkzeuge / Material	0	Maschinen / Warenbestände	4		
Summe der Bewertungspunkte				11		67		

Bei einem angenommenen Punktwert von 100 € entsteht nun das „angemessene" Arbeitsentgelt: Bewertungspunkte: **11** bzw. **67** ; somit zustehend und angemessen? Für **Telefonist: 1.100 €** bzw. **Arzt: 6.700 €** /Monat.

Ist Ihr Lohn / Gehalt / Einkommen auch angemessen ?

Welche Eigenschaften, Fähigkeiten oder Arbeitsumstände nun eine Punktzahl von 1.000 oder sogar 10.000, bzw. 100.000 € bis 1,0 Mill. € /Monat (12 Mill. € /Jahr) ermöglichen soll, bleibt unklar.

Merke: Derartiges würde das 100-fache eines einfachen Arbeiters und noch das 15-fache eines Krankenhausarztes bedeuten.

Unmöglich kann es die Honorierung (Gewinnbonus) für einen höheren Firmenüberschuss sein, der durch Lohndrückerei, Entlassungen oder darin bestand, dass 100.000 Menschen berechtigte Ansprüche (Renten, Rechnungsbeträge, überhöhte Rechnungsbeträge, Zahlungsansprüche aus Schadenersatz oder Garantieleistungen etc.) vorenthalten wurden.

Wenn derartig gesellschaftsschädliches Verhalten nicht vom Gesetzgeber verboten oder zumindest durch eine massive Steuerprogression eingeschränkt wird, dann könnte auch Heroinhandel frei gegeben werden. Mehr dazu in den beiden nächsten Kapiteln.

7. Das wirtschaftliche Handeln

Ist „billig" = „preiswert" bzw. gilt tatsächlich „Geiz ist geil"?

Habe ich wirtschaftlich gehandelt oder bedeutet dieses einen Qualitätsverlust ?

Der Sinn der Wirtschaft, des „Wirtschaftens" wird sowohl durch die „Politik" als auch durch die „Wirtschaft selbst" teilweise gänzlich im ursprünglichen Sinn und Zweck umgekehrt, d.h. auf den „Kopf gestellt".

> ## *Ein Unternehmen ist kein „Selbstzweck"*

Ein Unternehmen hat niemals einen „Selbstzweck", sondern lediglich eine „untergeordnete, dienende Funktion", die den Besitzern der Produktionsfaktoren – Arbeit, Boden, Kapital – eine Einkommensmöglichkeit bietet, um sich selbst (den Haushalt) bestmöglichst zu versorgen.

Dieses ist unumgänglich, denn die Ressourcen, d. h. Arbeit, Boden und Kapital sind immer begrenzt, lediglich die zu befriedigenden wirtschaftlichen Bedürfnisse sind unbegrenzt (s. auch Kapitel 2).

Hochaktuell sind immer noch die Worte des engl. Sozialökonomen John Ruskin (1819-1900):

> „Es gibt kaum etwas auf dieser Welt, das nicht irgendjemand ein wenig schlechter machen und billiger verkaufen könnte, und die Menschen, die sich nur am Preis orientieren, werden die gerechte Beute solcher Machenschaften.
>
> Es ist unklug, zuviel zu bezahlen, aber es ist noch schlechter, zu wenig zu bezahlen.
>
> Wenn Sie zuviel bezahlen verlieren Sie etwas Geld, das ist alles.
>
> Wenn Sie dagegen zu wenig bezahlen, verlieren Sie manchmal alles, da der gekaufte Gegenstand die ihm zugedachten Aufgaben nicht erfüllen kann.
>
> Das Gesetz der Wirtschaft verbietet es, für wenig Geld viel Wert zu erhalten.
>
> Nehmen Sie das niedrigste Angebot an, müssen Sie für das Risiko, das Sie eingehen, etwas hinzurechnen.
>
> Und wenn Sie das tun, dann haben Sie auch genug Geld, um für etwas Besseres zu bezahlen."

> *Nicht die Wirtschaft „als solche" ist das Ziel, sondern „das Wirtschaften".*

Ausschließlich die Versorgung des privaten (und öffentlichen) Haushaltes mit „knappen" Gütern in einer bestimmten Zeit nach sachlogischen Prinzipien ist das Ziel.

Letztere sind das Maximal- **oder** das Minimal- Prinzip, jedoch **niemals** das häufig zitierte „Mini - Max – Prinzip", s. auch v. g. Zitat des John Ruskin:

„Das Gesetz der Wirtschaft verbietet es, für wenig Geld, viel Wert zu erhalten".

Alle an der Wirtschaft teilnehmenden Unternehmen und Haushalte arbeiten nach einem derartigen Prinzip, zumindest ist dieses anzustreben, es sei denn „aus anderen Gründen" (s. Bedürfnisbefriedigung, Kapitel 2) wird etwas anderes angestrebt.

Anfangs steht immer das **Maximal Prinzip**:

Die begrenzte, fixierte Arbeitskraft soll möglichst viele wirtschaftliche Bedürfnisse befriedigen.

Mit dem begrenzten (fixierten) Einsatz (Geld oder Produktionsmittel) soll ein maximales Ergebnis für den Haushalt oder ein Unternehmen aus vielen Wahlmöglichkeiten erzielt werden.

Erst danach greift das **Minimal-Prinzip**:

Das aus vielen Möglichkeiten ausgewählte „Ergebnis" (Ziel, Produkt etc.) wird nun fixiert (spezifiziert) und nun zum „minimalen Einsatz" (niedrigster Preis) ausgewählt und ggf. gekauft, gemietet oder unter Vertrag genommen.

Jeder, egal ob Unternehmer, Betrieb oder Privat-Person hat immer nur begrenzte Mittel für eine Investition oder den Kauf eines Gerätes zur Verfügung.

Hier an einem Beispiel: Kauf eines LCD –Bildschirmes.

Sachlogisch wird in einer **„ersten Kaufphase"** der **Geldbetrag fixiert**, hier z.B. 400 € und auf dem Markt, in der Wirtschaft, d.h. bei Lieferanten, Herstellern und Händlern als **variable** Größe das **„beste Gerät"** für diese 400€ ausgesucht, hier z.B. Marke XY, Typ „modern", Größe 17" .

Das **Ergebnis ist** hier – für die fixierte Preisvorstellung – **maximal**, daher: **Maximal Prinzip**.

In der **„zweiten Kaufphase"** wird nun das gewünschte Ergebnis, hier im Beispiel: Marke XY, Typ „modern", Größe 17" **fixiert** und der Kaufpreis von max. 400 € wird zur **variablen** Größe, d.h. Rabatte, Preisvergleiche mit anderen Lieferanten werden diskutiert.

Das Ergebnis: Das Gerät Marke XY, Typ „modern", Größe 17"
wurde zu einem minimalen Kaufpreis von z. B. 350€ erworben,
daher: **Minimal Prinzip**.

> *Wenn dieses Ziel im vorgeplanten Zeitraum erreicht
> wurde, lag wirtschaftliches Handeln vor,
> denn es bleiben 50 € übrig.*

Diese 50 € stehen nun für andere Bedarfsdeckungen zur Verfügung,
bzw. der Befriedigung weiterer wirtschaftlicher Bedürfnisse.

Ein „emotionaler" Wechsel in dieser Kaufphase plötzlich zu einem
anderen Gerät, weil es **„nur"** 300 € kostet (weil: „Geiz ist geil") in
der trügerischen Hoffnung, dass es auch besser als das zuvor ausge-
suchte ist, lässt unberücksichtigt, dass möglicherweise dieses Gerät
woanders zu üblichen 250 € zu bekommen ist.

Dieser „emotionale" Wechsel in der Kaufphase - um noch mehr als die
„50€" zu sparen - ist das typische „Mini - Max - Prinzip", in der irri-
gen Annahme, dass es möglich ist, zwei Variablen gleichzeitig zu fixie-
ren, d.h. mit minimalem Einsatz ein maximales Ergebnis zu erzielen.

Im Übrigen sind an diesem **„wirtschaftlichen System-
Missverständnis"** ganze Volkswirtschaften (z.B. DDR) zerbrochen.

> *Nur durch wirtschaftliches Handeln ist bei den
> begrenzten Mitteln das Hauptziel des Wirtschaftens
> „eine Befriedigung der wirtschaftlichen Bedürfnisse"
> umfassend möglich.*

Lohn- und Gehaltsempfänger, haben einen Arbeitsplatz (Verkauf ihrer
Arbeitsleistung) nach **dem Maximal Prinzip** ausgesucht (für 8 h **fixierte**
Arbeitszeit, d.h. den **maximalen** Lohn/das maximale Gehalt).

Diese Lohn- und Gehaltsempfänger mit jetzt fixierten „Löh-
ne/Gehälter" **ohne Leistungsanreiz** (Prämien etc), werden immer –
und dieses **ist legitim**, weil wirtschaftlich – nach dem **Minimal
Prinzip** arbeiten, d.h. die Arbeitszeit so angenehm wie möglich
gestalten, bzw. in dieser Zeit andere Tätigkeiten erledigen, die
nichts mit dem zu tun haben, wofür sie bezahlt werden.

Eine Lösung liegt auf der Hand (s. Kapitel 6, SPALG) .

Garantierter Mindestlohn / -gehalt zur „kalkulierbaren" sozialen
Absicherung, angereichert durch Prämien und Leistungszuschlägen.

Weitere Lösungen, die für eine „Zukunftsfähigkeit der Gesellschaft zwingend sind : s. S. 74, bzw. diese Rückseite als Vorschau.

Vorschau, siehe auch Seite 74

Ein weiterer **Sonderdruck** aus „**Das Mandarin(en) -Syndrom**" ist :

„Risikogerechtigkeit"

statt

Illustration
von Jörg
Spriewald

mit den „**JuRiG**"-, „**KaRiG**"- u. „**StAG-Tax**" – Modellen, für den Rechtsweg, Kapitaleinsatz und Staatsabgaben.

Das „StAG-Tax"- Modell

Illustration
von Jörg
Spriewald

Kurz: Eine Quellensteuer von z. B. 20 % auf alle Löhne, Umsätze, Einkommensarten, **ohne jegliche Absetzungsmöglichkeiten** (s. nachfolgendes Kapitel) mit einer „**gerechten**" **Steuerprogression** bei der Einkommenssteuer, die Auswüchse beim Gesamteinkommen (s. Kapitel 6, Seite 44) verhindert.

8. Die Ziele des Wirtschaftens

In den letzten Absätzen ist das „wirtschaftlich sinnvolle" Verhalten des **Privat-Haushaltes** mit unbegrenzten Bedürfnissen dargelegt, wobei es in der Entscheidung des „Privaten" liegt, ob dieser die **„50 gesparten €"** für weiteren Konsum verwendet oder „spart", sogar im Sinne von Kapitalbildung.

Das Verhalten des Privat-Haushaltes steht jedoch weder „den Unternehmen" noch den „öffentlichen Haushalten" zu, denn beide haben andere Ziele als die Bedürfnisbefriedigung.

Nachstehendes soll aufzeigen, wo die Kritik all derer ansetzen muss, die das Prinzip der „Sozialen Marktwirtschaft" auf der Basis unseres Grundgesetzes erhalten und reformieren wollen, egal ob mit liberaler, grüner, sozialer oder konservativer Grundhaltung.

Diese müssen sich zu Gunsten der Kapitaleigner oder der Bürger am **Zweck** Ihres „Daseins" orientieren.

---

*Es ist eine unternehmerische Angelegenheit ein Produkt oder eine Dienstleistung kostengünstigst zu erstellen, um damit „Überschüsse" (Gewinne) zu erzeugen. Diese dürfen **nicht** von irgendwelchen fiskalischen Abschreibungs- oder Absetzungsmöglichkeiten abhängig sein.*

Unternehmen haben ein **Gewinnprinzip**, d.h. die hier im o.g. Beispiel „gesparten 50 €" (nur zum Verständnis die kleine Zahl, man kann auch 4 oder 5 Nullen anhängen), können nicht für „andere sonstige Wünsche" verwendet werden (dafür gibt es keinen Kapitaleinsatzplan), sondern sind als Gewinn auszuweisen, der dem Kapitaleigner zufließen muss.

Der durch „gut wirtschaften" erzielte Zusatzgewinn gehört nicht den leitenden Angestellten, sondern dem Kapitaleigner und ggf. den „Arbeitsbesitzern".

Dieses **Gewinnprinzip des Unternehmers** sollte alle „notwendige unternehmerische Kreativität" dazu verwenden, ein Produkt zu erzeugen (neu) oder zu verbessern, um Marktchancen und Verkaufserlöse zu erhöhen oder preiswerter zu produzieren, damit ein Überschuss (Gewinn) erzeugt wird und nicht dazu irgendwelche „fiskalischen Vorschriften" zu umschiffen oder „Steuerschlupflöcher" (Abschreibungen) zu finden.

Zwar sind Sparkassen auch Wirtschaftsunternehmen, jedoch ist nicht jedes Wirtschaftsunternehmen automatisch eine Sparkasse. (Ein Dackel ist ein Hund, aber nicht jeder Hund ein Dackel).

Der Kapitaleigner als Privatperson entscheidet, ob er seinen Ertrag „investieren / reinvestieren" will oder ihn für seinen Lebensunterhalt benötigt, d.h. eine kontinuierliche Gewinnausschüttung bei Berücksichtigung „**nur** überlebensnotwendiger Rückstellungen" ist zwingend.

Der „öffentliche Haushalt" hat die Aufgabe der **Bedarfsdeckung** der Bürger an „öffentlichen Leistungen", d.h. er (der Staat, die Gemeinde, der „öffentlich-rechtliche...") muss alle seine Einnahmen für die Bedarfsdeckung seiner Bürger ausgeben und darf auf keinen Fall –wie allgemein am Jahresende üblich – in einer Ausgabenwut die restlichen Haushaltsmittel verschwenden.

Auch der „öffentliche Haushalt" ist **keine** Sparkasse.

> *Die durch „gutes Wirtschaften" erzielten Einsparungen gehören nicht dem öffentlichen Haushalt, sondern den Bürgern. Sie müssen diesen durch „Gebührenreduzierung" oder Steuersenkung" im Folgejahr **wieder zufließen**.*

Mit der Gefahr, dass es wie eine Wiederholung klingt: Die hier im Beispiel „**gesparten 50€**" können nicht für „andere sonstige Wünsche der Verwaltung" verwendet werden (dafür gab es einen Haushaltsplan), sondern sind als Überschuss auszuweisen, der **den Bürgern** durch „Gebührenreduzierung" oder „Steuersenkung" im Folgejahr **wieder zufließen** muss; **Schuldentilgung wäre das Mindeste**.

Wie eingangs festgestellt, soll jedes Unternehmen niemals einen „Selbstzweck" haben, sondern den Besitzern der Produktionsfaktor – Arbeit, Boden, Kapital – eine Einkommensmöglichkeit verschaffen, damit diese sich selbst (den Haushalt) bestmöglichst versorgen können.

Jedoch ist innerhalb der „Wirtschaft" immer häufiger eine „Selbstbedienungsmentalität festzustellen.

Das beste Beispiel dafür sind Kapital-Gesellschaften, Genossenschaften und Vereine, die ihre Zweckbestimmung missachten, indem „Kapitalrückstellungen (Horten), Erweiterungen, Aufkäufe etc." und Verifikationen nur als Mittel zum Zweck einer Machtentfachung **ohne jegliches persönliches** finanzielles Risiko stattfinden.

Dieses „angebliche Unternehmertum" finanziert derartige Handlungen ausschließlich zu Lasten der Eigentümer, denen möglicherweise sogar die Kapitalerträge vorenthalten werden oder mangels „Einkünfte" dadurch nun in den Ruin geführt werden.

Nur die „Privat-Person" hat das Recht (Privileg), mit ihren Erträgen (Geld) zu machen, was sie will.

Jedoch diese Erträge hat diese Person jedoch nur **durch** und **in dieser Gesellschaft**; im Grunde sollte es eine honorige Aufgabe sein, an der Gesellschaft mitzuwirken und nicht eine „lästige" Verpflichtung.

Diese Privat-Person kann dann **ihren** Lohn, **ihre** Zinsen und/oder **ihren** Kapitalertrag, **nachdem** von allen Einnahmen der gesellschaftliche Obolus (Steuer, Sozialabgaben etc.) gezahlt ist, als versteuertes Einkommen ausgeben, verschenken oder sparen / investieren.

Wenn Sie, lieber Leser oder Leserin, Probleme mit Ihrem Geld haben, so ist

eine Budget-Planung

über ihr verfügbares Monatseinkommen überaus hilfreich.

Da nahezu jeder Haushalt heute über einen PC verfügt, können Sie einen Haushaltsplan aus **„www.mandarin-syndrom.de"** herunterladen und beliebig Ihren Ansprüchen anpassen.

Gesamte Einnahmen und Ausgaben, letztere unterteilt nach verpflichtenden Kosten wie Miete, Versicherungen, Darlehen fürs Haus und variablen Kosten wie Möbel, Bekleidung Urlaub, Fahrkosten (PKW oder Bahn), Kinderbetreuungskosten und Lebensmittel sind selbstaddierend (pro Ausgabe eine neue Zeile) in einer Excel-Tabelle dargestellt, die lediglich von Ihnen individuell umzubenennen ist.

Gleichzeitig kann eine Maximalsumme (Budget) pro Ausgabenart festgesetzt werden und Sie erkennen jeweils am Monatsende welche Ausgaben zu hoch und wo Sie besonders sparsam waren.

Excel-Tabellen sind manchmal ziemlich breit, daher hier nur für die Darstellung eine Teilung in rechte und linke Hälfte:

Linke Hälfte:

Budget-Stand		April	2005	M-Anf-Kontostand		2.000,00		Konto-Bank-aktuell			
Kopie erstellen und Umbener Bearbeiten-Ersetzen: 1. Neuer Monat in "C1"; Alles markieren: 2. In "o 1" letzten M											
Merke: Kostenrückerstattung sind (-) Ausgaben und Nutzung von Sparbuch sind (-) Ausgaben für Sparbuch-Ausg											
		LIMIT	800,00	200,00	50,00	50,00	50,00	150,00	50,00	50,00	200,00	100,00
		Su-AUS	0,00	0,00	0,00	0,00	0,00	0,00	0,00	0,00	0,00	0,00
		Differenz	800,00	200,00	50,00	50,00	50,00	150,00	50,00	50,00	200,00	100,00
		o.K.	o.K	o.K	o.K	o.K	o.K	o.K	o.K	o.K	o.K
Summe	Summe	Fix-Kosten		Familien-Ausgaben							
0,00		Miete	Vers.	Sparb	Möbel	Urlaub	Transporte			Kinder	
Date	EIN-Bank	Aus-Ban	Haus	Sonst			Reisen	Auto	Bus	Bekl	KITA	Essen

Rechte Hälfte:

2.000,00		Rest Gesamt		2.000,00		Blau = Kontozahlung		
			01.04.2007		2.500,00		Budget	Art
50,00	50,00	75,00	75,00	50,00	400,00	100,00	2.500,00	LIMIT
0,00	0,00	0,00	0,00	0,00	0,00	0,00	0,00	Summe-AUS
50,00	50,00	75,00	75,00	50,00	400,00	100,00	-2.500,00	Differenz
o.K.	o.K.	o.K.	o.K.	o.K.	o.K.	o.K.		
AUS- Lebenshaltungskosten							Geld P1+P2	Grund
Taschengeld		Bekleidung			Lebensmittel		cash	Kommentar
P.1	P.2	P.1	P.2	Tel	Normal	Lux	0,00	Buch-Nr.:
							0,00	
							0,00	cash

ggf. aus: „**www.mandarin-syndrom.de**" herunterladen

9. Der Wirtschaftskreislauf

Welchen Einfluss oder welche Folgewirkungen nun Kapitalrückstellungen (Horten), interne Erweiterungen oder externe Aufkäufe auf eine Volkswirtschaft durch Geldentzug haben, oder was letztlich zu einem Zusammenbruch der Wirtschaft führen kann, lässt sich bereits am vereinfachten (kleinen) Wirtschaftskreislauf darstellen.

Die wirkliche Komplexität des Wirtschaftskreislaufes, angereichert mit Im- und Export, lässt sich erst nach Kapitel 12 erahnen.

Ein Wirtschafts-Unternehmen, sowie auch der „öffentliche Haushalt" ist, wie schon im Kapitel 8. „Die Ziele des Wirtschaftens" dargelegt, keine Sparkasse.

Sparen, Konsumieren oder/und Investieren sind ausschließlich *Privilegien* des „Privaten Haushaltes", des Geld- und/oder Bodenbesitzers und/oder des Besitzers der „Arbeitskraft".

In stark reduzierter Form kann sich jeder „den kleinen Wirtschaftskreislauf" im Sinne eines Flüssigkeitskreislaufes der Geldströme vorstellen und am Schaubild betrachten.

Wenn Schwierigkeiten bei der Vorstellung eines Flüssigkeitskreislaufes, der ja auch von der Durchlauf- oder Umlaufgeschwindigkeit abhängt, vorliegen, ist auch die Menge als Güterberg (Umsatzsumme aller Güterpreise in € in einem Jahr) als statische Größe vorstellbar, dem immer ein gleich großer „Geldberg" zur Verfügung stehen sollte, es sei denn irgendjemand hat etwas „weggeschaufelt", z.B. Waren – oder Kapitalexport.

> *Wertmäßig sind (sollten) Geld- und Gütermenge gleich groß (sein), jedoch nicht in dem neoliberalen Sinn, dass Geld und Güter gleichzeitig (zweckentfremdet) exportiert werden, damit dann beide „Mengen" gleich klein sind.*

Das **Grundprinzip** ist auch mit Worten einfach zu beschreiben :

Der **Privathaushalt** stellt einem Unternehmen die Produktionsfaktoren „Arbeit" (=Arbeitskraft, egal ob körperliche (physische), geistige (intellektuelle) oder nervliche (psychische) Arbeitskraft), Boden (Vermietung, Verpachtung) und/ oder Geld (hier als Grundlage des Kapitaleinsatzes zum Kauf von Maschinen etc.) zur Verfügung.

Dafür bekommt er nicht irgendwelche Naturalien oder Güter (wie im Mittelalter oder in der Nachkriegszeit), sondern Geld.

Dieses Geld landet nun im Privathaushalt, wo entschieden wird, was damit geschehen soll (ein privater Haushaltsplan wird dringend empfohlen).

Nahezu 100 % des Geldes fließen nun zurück an diverse Unternehmen, zur Bezahlung von Mieten, öffentlichen Leistungen (Wasser, Strom etc) und zum Kauf von Gütern und sonstigen Dienstleistungen, d.h. zur Befriedigung der wirtschaftlichen Bedürfnisse der „privaten Haushalte".

Der (kleine) Wirtschaftskreislauf

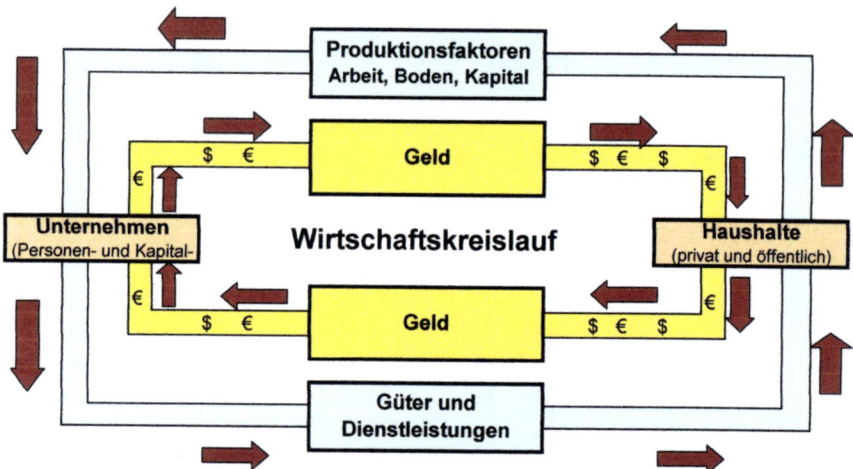

Das Unternehmen bekommt nun das Geld zurück, welches für die Bezahlung der Produktionsfaktoren erforderlich war und für Erhaltungsinvestitionen erforderlich ist.

> *Der durch „gut wirtschaften" erzielte Zusatzgewinn gehört nicht den leitenden Angestellten, sondern dem Kapitaleigner und ggf. den „Arbeitsbesitzern".*

Wenn „gut gewirtschaftet wurde", bleibt ein Zusatzgewinn, der nicht den leitenden Angestellten gehört und auch nicht in deren Verfügungsgewalt steht.

Er gehört den Besitzern der Produktionsfaktoren, dem Kapitaleigner und ist – wenn dies tarif- oder arbeitsvertraglich geregelt wurde – auch an die „Arbeitsbesitzer", die Arbeiter und Angestellten entweder als unmittelbare Prämie auszuzahlen oder als Anteil am Unternehmen zu übereignen.

10. Die Marktwirtschaft

Die Idealvorstellung eines Marktes mit unendlich vielen Anbietern und Nachfragern wird zwar nie erreicht, jedoch kann diese Annahme verdeutlichen, wie die Preise entstehen.

Der staatlich notwendige Einfluss zur Sicherstellung eines „funktionierenden" Marktes wird deutlich.

Kartellgesetze zur Einschränkung von Marktmacht und die Beseitigung von wettbewerbsverzerrenden Regelwerken (Gesetzen) sind zwingend und nicht irgendeine Maßnahme zur Regulierung von Mengen und Preisen.

Diese gesellschaftspolitische Entscheidung verleiht nun „Zusätze" wie „freie", „soziale", „kapitalistische" oder „faschistische".

Innerhalb des Wirtschaftskreislaufes kann nun an die Leitungen eine „Lupe" gehalten werden und es ist erkennbar, dort wo Produktionsfaktoren oder Güter/Dienstleistungen angeboten werden, fließt Geld, d. h. eine Vielzahl an „**Märkten**" wird sichtbar:

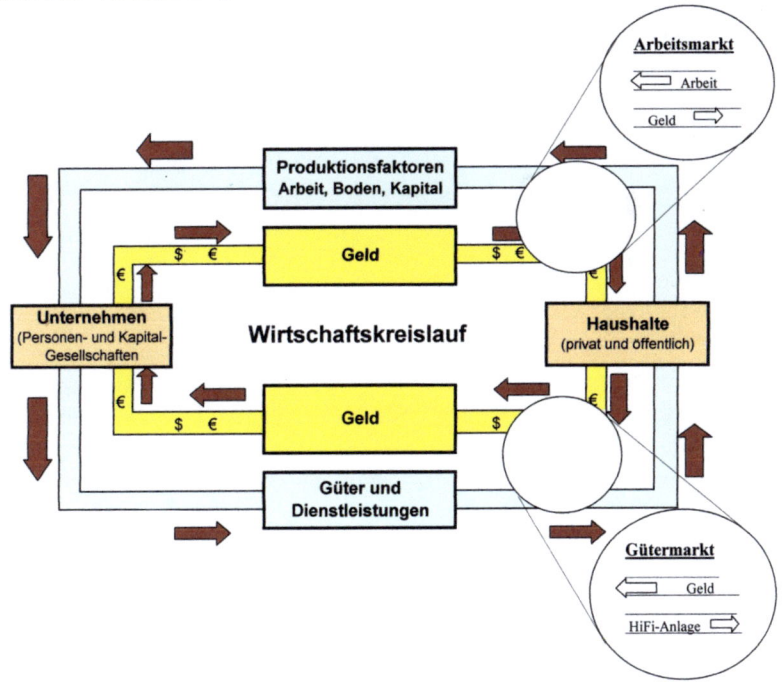

Güter- und Dienstleistungsmärkte, wie diese allgemein bekannt sind, werden deutlich – egal ob Wochenmarkt, HiFi-Markt oder ähnliche Märkte.

Die Angebote für Waren sind offensichtlich.

Die Nachfrage zeigt sich im kontinuierlichen Verkauf.

Dieses Zusammentreffen von Angebot und Nachfrage wird „Markt" genannt, daher „Marktwirtschaft".

„Produktionsfaktor – Märkte", wie z.B. der Arbeits- und Immobilienmarkt, werden als solche vom „Normalbürger" nur unzureichend wahrgenommen.

Ein Angebot an Arbeitskraft liegt vor, für das entsprechend der Nachfrage „Geld" als Lohn oder Gehalt gezahlt wird.

Es ist ein Irrglaube anzunehmen, dass ein Anbieter (Unternehmen) **nicht den maximal möglichen Preis** für ein Wirtschaftsgut verlangt, den der Markt ohne Einbuße bei der Verkaufsmenge hergibt, denn dazu ist er für seine Eigentümer verpflichtet.

Jede Herstellungspreis- oder Steuererhöhung **ist bereits** im Verkaufspreis enthalten und führt zu einem geringeren „Überschuss" oder „Gewinn" als vorgesehen.

---

*Jeder Unternehmer verlangt **immer** den **maximal möglichen Preis** für sein Wirtschaftsgut, den der Markt ohne Einbuße bei der Verkaufsmenge hergibt, sonst ist er kein **„guter"** Geschäftsmann.*

Bestenfalls ist die Wirkung von mehr oder weniger Kaufkraft = Nachfragerückgang oder Nachfragesteigerung als Einflussgröße auf den Preis zu sehen.

Eine Preiserhöhung würde zwangsläufig zu einer Einbuße in der Verkaufsmenge und letztlich zu einem noch geringeren Überschuss führen.

Mit der „Desinformation", dass die Erhöhungen der Löhne oder Steuern „preistreibend" sind, sollte nun Schluss sein, denn letztere gehen auf das Konto „Ertrag", bei einem verstärkten Wettbewerb.

Welches der „maximal" mögliche Preis ist, lässt sich nur herausfinden, wenn eine „sicherlich nicht vorhandene" vollständige Marktuntersuchung vorliegen würde.

Wie die Preise tatsächlich entstehen, wird vom Prinzip her im nächsten Kapitel verdeutlicht.

11. Die Preisbildung durch Angebot und Nachfrage

Da lediglich nur das „Prinzip" der Preisbildung erklärt werden soll, dürfte Nachstehendes trotzdem – auch ohne Marktforschung – verständlich sein.

Möglicher Angebotsverlauf

Wie verhalten sich Anbieter von Gütern oder Dienstleistungen ?

Unterstellen wir, dass kein Anbieter (Produzent) „unwirtschaftlich handelt" und ein bestimmtes Produkt, welches nur zu Kosten von 150 € zu produzieren ist, niemals zu einem Abgabepreis von 150 € anbieten wird.

Sachlogisch wird hier **nichts** angeboten.

> a) Wäre der Preis **300 €**, der Herstellungspreis **150 €** und somit nun ein Überschuss von **150 €** zu erwarten, würden hier im Beispiel **2.500** Stück des Produkts angeboten werden.
>
> Je höher der Preis ist, um so mehr Produzenten bieten dieses Produkt an, selbst wenn diese erst ab 400 € in die Gewinnzone kommen (aus welchen Gründen auch immer).
>
> b) Wäre bei diesem Beispiel der Marktpreis **500 €**, so würde noch mehr angeboten; hier: angenommene **4.000** Stück.

Die entstehende Verbindung dieser Punkte (in der Realität mit Sicherheit keine Gerade) ist die

Angebotskurve.

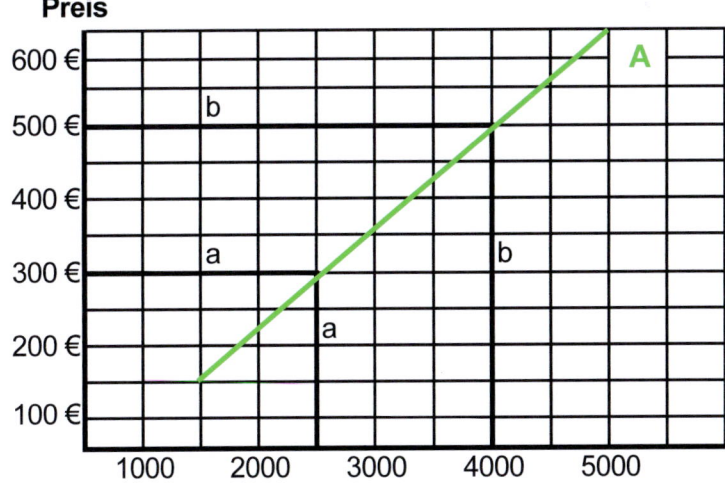

Möglicher Nachfrageverlauf

Wie verhalten sich nun die Nachfrager von Gütern oder Dienstleistungen ?

- Unterstellen wir, dass kein Kunde (Nachfrager) ein bestimmtes Produkt jemals zu einem Preis von 700 € kaufen wird.
- Es ist für alle viel zu teuer – man hilft sich mit etwas anderem.
- Sachlogisch wird hier nichts nachgefragt.
  a) Erst wenn der Preis **600 €** wäre, würden **1.000** Stück nachgefragt, weil es etwas besonderes ist, dieses zu besitzen, bzw.
  b) bei einem Preis von **400 €** würden sogar schon **3.000** Stück nachgefragt.
- Je niedriger nun der Preis wäre, um so mehr Konsumenten würden (aus welchen Gründen auch immer) dieses Produkt besitzen wollen.
  c) Wäre bei diesem Beispiel der Marktpreis 200 €, würde noch mehr von diesem Produkt, hier: angenommene 5.000 Stück nachgefragt.
- Die entstehende Verbindung dieser Punkte (in der Realität mit Sicherheit keine Gerade) ist die

Nachfragekurve.

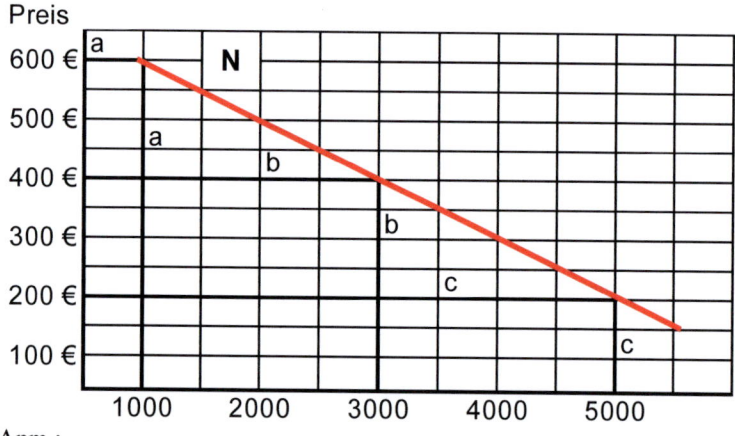

Anm.:

Diese „Kurven" stellen nur in fiktiver Weise das **grundsätzliche Verhalten** der Käufer und Verkäufer dar, jeweils mit der Annahme, dass die in den Beispielen genannten Preise tatsächlich und die vollständigen Informationen über das Marktgeschehen im Sinne eines idealen Marktes, vorliegen würden.

Fragen Sie sich selbst, wie Sie sich verhalten würden und diese scheinbar „komplizierten Verläufe" werden klarer.

Der Gleichgewichtspreis

Das Produkt ist auf dem Markt, der Preis läge bei **500 €**.

Wie verhalten sich Anbieter **und** Nachfrager von Gütern oder Dienstleistungen ?

a) Die ersten Produzenten, die dieses Produkt kreierten, werden sich bei **500 €** eine „goldene Nase" verdienen (solange die Konkurrenz schläft), denn sie waren bereits bei einem Verkaufspreis von **300 €** verkaufsbereit und es sind rund **2.500** potentielle Nachfrager vorhanden, die dieses Produkt dringend benötigen oder weil es „in" ist.

b) Die Unternehmen (Anbieter) würden bei diesem Preis in der Folgezeit **4.000** Produkte anbieten, obwohl nur knapp **2.500** Stück nachgefragt werden.

c) Es kommt zum Preisverfall, weil **4.000** Stück nur zu einem Preis von **300 €** nachgefragt werden, und somit zur „Marktbereinigung", d. h. die Unternehmen, die nur wirtschaftlich **oberhalb** eines Preises von **300 €** das Produkt anbieten können, **verschwinden** vom Markt.

d) In der **Folgezeit** pendelt sich der Marktpreis ein oder genauer gesagt, der **„Gleichgewichtspreis"** von **400 €** würde sich bei einer Menge von ca. **3.300 Stück** einstellen.

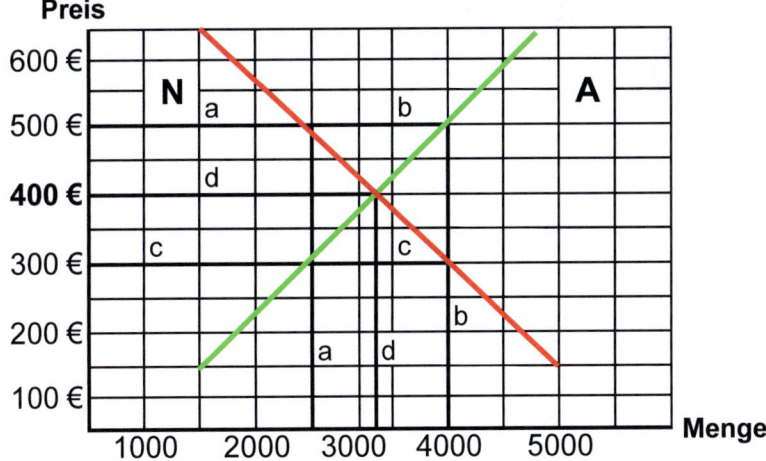

Staatliche Einflussnahme

Das Steuerrecht ist eine dieser staatlichen Eingriffsmöglichkeiten, wobei z.b. steuerfreie Nachtschichtzulagen , Entfernungspauschalen immer nur Anreize sowohl für Arbeitnehmer oder andere Bürger waren, bestimmte, gesellschaftlich notwendige Handlungen vorzunehmen.

Bedauerlicherweise fehlte bei derartigen Gestaltungen zur langfristigen Vermeidung von Wettbewerbsverzerrungen immer eine **zeitliche Begrenzung** für derartige Handlungsaufforderungen, d.h. für derartige Subventionen.

- Die steuerlichen Besonderheiten werden zu einem zu verteidigenden Besitzstand.

- Politische Forderungen für generelle Streichungen nach „Kirchhof etc. " stellen alles auf den Kopf, wie auch die bisherigen steuerlichen Absetzungsmöglichkeiten.

Sachlogisch sollte der Staat unmittelbar beim Verkaufs-(Abgabepreis) die steuerliche Abgabepflicht ansetzen. (s. StAG-Tax-Modell).

Gewinne zu erzeugen darf nicht von irgendwelchen fiskalischen Abschreibungs- oder Absetzungsmöglichkeiten abhängig sein.

Jeder staatliche Eingriff wie z.B.

- **Staatl. Höchstpreise**, d.h. der staatlich festgesetzte Preis liegt unterhalb des Marktpreises, würde Produzenten davon abhalten zu produzieren, und Konsumenten, denen das Produkt eigentlich vorher zu teuer war, würden dieses auch haben wollen. **Ein Nachfrageüberhang** entsteht, der letztlich nur Personen dazu verführen wird, Produkte „zu horten", um diese anschließend an die zu verkaufen, die sogar einen höheren Preis zu zahlen bereit wären (Folge: **Schwarzmarkt**).

- **Staatl. Mindestpreise**, d.h. Preise oberhalb des Gleichgewichtspreises führen sachlogisch zu einer Überproduktion bei gleichzeitiger Abnahme der sonst möglichen Konsumentenzahl. **Ein Angebotsüberhang** entsteht, da ein staatlicher Mindestpreis vom Staat zu garantieren ist – sonst funktioniert eine derartige Vorgabe erst recht nicht (Folge: „**Staatsdefizit**").

Subventionen führen zu einer Wettbewerbsverzerrung zu Lasten der „gesunden" Unternehmen!

Auch andere staatliche Eingriffe, wie Subventionen an bestimmte Unternehmen (wer sucht diese aus?), führen zu einer **Wettbewerbsverzerrung** zu Lasten der „gesunden" Unternehmen und deren Arbeitnehmer, die in der Lage waren, zu Marktpreisen dieses Produkt anzubieten oder diese Arbeit (Dienstleistung) zu erbringen. Weitere staatliche Eingriffe, wie Lohnzuschüsse an den Arbeitgeber oder teilweise Verzicht auf die übliche Abgaben (1-€ -Job, Mini-Job, Gleitzonen-Job oder Kombilöhne) führen ebenfalls zu einer **Wettbewerbsverzerrung** zu Lasten der „gesunden" Unternehmen und deren Arbeitnehmer, die bisher in der Lage waren, zu Marktpreisen dieses Produkt anzubieten oder diese Arbeit (Dienstleistung) zu erbringen.

Diese Unternehmer werden neben den Problemen der fallenden Marktpreise nun auch noch zu „Trotteln" der Gesellschaft gemacht, weil diese aus sozialer Verantwortung gegenüber ihrem Mitarbeitern noch reguläre sozialversicherungspflichtige Arbeitsplätze anbieten.

Diese gesunden „sozial eingestellten" Unternehmer finanzieren **nicht nur über Ihre Steuern** die subventionierte „Billigkonkurrenz".

Sie werden gezwungen, sich „marktkonform" zu verhalten und keine Lohnerhöhungen zu gewähren. Höhere Löhne bedingen auch höhere Sozialversicherungsbeiträge und mögliche Erhöhungen der Beitragssätze können vermieden werden. Die Billigkonkurrenz würde sonst durch „sozial eingestellte Unternehmer" quersubventioniert.

> *Die Überbelastung des Produktionsfaktors „Arbeit" mit Sozialabgaben für die gesamte Gesellschaft führt zu einer Verzerrung des Wettbewerbs, zu Lasten personalintensiver Unternehmen.*

Auch die Überbelastung eines Produktionsfaktors, hier: „Arbeit" mit Sozialabgaben für die gesamte Gesellschaft, führt zu einer **Verzerrung des Wettbewerbes**, d.h. „Arbeit" steht in Konkurrenz zu sozialabgabefreien „Robotern", was letztlich zur „Auslagerung" von Arbeitsplätzen innerhalb der „Globalisierung" oder zur „Schwarzarbeit" bzw. „Schwarzentlohnung" führt.

> *Kein Unternehmer handelt bewusst unwirtschaftlich.*

Überaus Kreative weichen in die **Schwarzentlohnung** von Lohn- oder Gehaltsanteilen aus, wenn zwar die Arbeitskraft benötigt wird, jedoch die Personal-Gesamtkosten nicht erwirtschaftet werden konnten und der eigene EkSt- Satz (z. B. 25 %) niedriger ist als die Summe aus Sozialabgaben + AN- Lohnsteueranteil (42 % + 15 % = 57 %):

Ein Umstand der im allgemeinen immer zutrifft und bei Anwendung des Letztgenannten noch weniger nachweisbar ist als die Schwarzarbeit im klassischen Sinn.

Die einzige **Ausnahme für staatliche Eingriffe** in den Markt sind letztendlich die aus internationalen Verträgen bei Beachtung des Grundgesetzes erwachsenden gesellschaftlichen und somit staatlichen Verpflichtungen, unabhängig welche Partei gerade die Regierung stellt oder den Bundestag dominiert.

Sklavereiverbot

Entsprechend den „Human Rights" der UN-Charta, die von Deutschland ratifiziert wurde, kann dieses nur dahingehend gedeutet werden, dass der **Mindestpreis für Löhne** ca. 20 – 30 % **oberhalb** der Sozialhilfegrenze **liegen muss.**

Die Würde des Menschen ist unantastbar

Gemäß dem Artikel 1 unsere Verfassung entspricht es der Würde, dass Bürger, die in einem vollen Arbeitsverhältnis stehen, in der Lage sein müssen ohne staatliche Transfer-Leistungen -abgesehen vom Familienlastenausgleich- ihr Leben in einem würdevollen Auskommen zu gestalten.

> *Die staatliche Vorgabe eines Mindestlohnes*
> *ist eine staatliche Verpflichtung.*

Die Festsetzung eines Mindestlohnes kann unmöglich die Sache der Gewerkschaften sein und greift in keiner Weise die Tarifautonomie an, genauso wenig wie die staatlich festgesetzten Arbeits- und Pausenzeiten, Urlaubs – und Bildungsurlaubsregeln.

Es sind Mindest-Vorgaben, die jederzeit zu Gunsten der Arbeitnehmer verändert werde können.

Den Gewerkschaften verbleibt es auf der Basis der Mindestlöhne nun die jeweiligen Mindestlöhne der Tarifklassen bei Berücksichtigung der Eingangsvoraussetzungen, der Arbeitsbedingungen und der Verantwortung durch Tarifverhandlungen zu gestalten (s. auch Kapitel 6, Bewertung der menschlichen Arbeit).

Anmerkung   :

Das hochaktuelle Problem der „wettbewerbsverzerrenden" Mini- und „1 €"- Jobs, sowie sogenannter Kombilöhne löst sich jedoch von alleine, wenn die Soziallasten nicht mehr nur über den Lohn (Faktor Arbeit) finanziert werden und eröffnet auch für die „Sozialpartner" der Gewerkschaften - die Arbeitgeber - nun bessere betriebswirtschaftliche Voraussetzungen „gerechtetere" Löhne zu zahlen.

Lohnintensive Urerzeugung, z.B. in der Landwirtschaft, kann bei einer Änderung der Soziallastenverteilung auch wieder mit bisher wettbewerbsverzerrenden Billigimporten konkurrieren.

12. Die Volkswirtschaft oder „Das verstehe ich nicht"

Schon zu Anfang des Buches unter Vorbemerkung und Begriffsklärung wurde festgestellt:

Nicht der Besitz von Kapital oder Luxusgütern erzeugt einen „unsozialen Kapitalisten", sondern erst dessen wirtschaftliches Handeln, wenn dieses sich hauptsächlich am Kapitalbesitz und –einsatz ausrichtet.

Sachlogisch kann ein Kapitalbesitzer auch ein Sozialist sein, wenn sein wirtschaftliches Handeln sich am Menschen, seinen Mitarbeitern und Mitbürgern orientiert.

Gesellschaften die dem „Kapital" Vorrang vor Menschlichkeit geben, sind als „kapitalistisch" zu bezeichnen, befindet sich das Kapital im Besitz der Gesellschaft liegt ein „staatmonopolistischer Kapitalismus" vor, was mit „Sozialismus" nicht das geringste zu tun hat.

Gesellschaften die sich demokratisch für eine Gleichrangigkeit Arbeit und Kapital (und Boden) entscheiden, sind auch in einer Marktwirtschaft dem auf dem Weg zu einem demokratischen Sozialismus.

Dieser bedeutet nicht die zwangsweise Verstaatlichung von Kapital, was nicht bedeuten soll, dass der nicht vermehrbare Bodenbesitz und - schätze, das Transportwesen (Güter, Nachrichten, Menschen), Gesundheit und Kapitalverteilung (Banken, Versicherungen) zwingend auch im Besitz (im Sinne von Verfügungsgewalt) von Privaten bleiben müssen, es genügt wenn diese Bereiche intern nach marktwirtschaftlichen Gesetzen handeln.

„Wir haben kein Erkenntnisproblem, sondern nur ein Handlungs- bzw. Umsetzungsproblem", solche und ähnliche Sprüche von hohen Wissenschaftlern oder Repräsentanten des Staates kennt man.

Logisch, wenn ich die **Folgewirkungen meiner Handlungen** nicht kenne und daher irgendwelche nicht gewollten Konsequenzen befürchten muss, unterlasse ich besser jede Handlung (Aussitzen, Abwarten, „Ruhige Hand" u.s.w.).

Wenn in der „Technik" so abwartend vorgegangen würde, würden wir heute nicht mit dem Handy telefonieren, sondern noch immer „trommeln" und das Ford „T-Modell, Baujahr 1923 " wäre noch heute der „Technische Standard" der Luxusklasse eines Massenverkehrsmittels.

Ursache dafür sind Defizite über volkswirtschaftliche Zusammenhänge oder besser:

Wir haben den Mangel, die „Volkswirtschaft als System" zu betrachten.

Fangen wir an, diesen Mangel zu beseitigen.

Schon aus der ganzheitlichen Überlegung oder aus den Fragen „Was soll denn dieses bedeuten?" oder „Wofür soll das Wissen darüber denn gut sein?" – müssen die Zusammenhänge in einer Volkswirtschaft zum besseren Verständnis von Handlungs- und Umsetzungsdefiziten und deren Überwindung verdeutlicht werden.

Wie wirken die verschiedenen Einzelheiten der volkswirtschaftlichen, soziologischen und politischen Gegebenheiten zusammen?

Auch hier gilt: „Das Ganze ist mehr als die Summe seiner Teile"

> *Doch wie kann man dieses System nachvollziehbar und einfach verständlich darstellen, ohne die Wirklichkeit zu stark zu verbiegen oder zu verfälschen?*

Aus meiner pädagogischen Trickkiste und im Rahmen schriftstellerischer Freiheit erlaube ich mir, die gesamte Gesellschaft mit zuvor genannten Gegebenheiten „schlicht und einfach" mit einem Automobil praxisnah zu vergleichen, d. h. als eine Parabel, als ein in Bewegung befindliches Fahrzeug darzustellen.

Jeder fährt es, jeder kennt es: Das Auto.

Dieses soll keine Einführung in die Kfz-Technik werden, jedoch jedem autofahrenden Laien dürften die aufgezeigten Zusammenhänge bei einem Auto bekannt sein und auch bewusst werden, dass nahezu jeder Begriff sich noch in zahllose Einzeltechniken zerkleinern lässt, z. B.:

Getriebe – Zahnräder - Mechanik – Dynamik – Werkstofftechnik – Stahl usw.

Alle Baugruppen mit ihren speziellen Eigenschaften funktionieren in ihren Einzelheiten, der Scheibenwischermotor, wie auch der Scheinwerfer, der Motor und das Getriebe.

In der „**Ganzheit des Autos**", in einem „**fahrenden Fahrzeug**" erzeugen diese Baugruppen (Sub- oder Sub-Sub-Systeme) **andere**, vorher nicht gekannte Eigenschaften; wie z. B. eine saubere, die Weitsicht nicht trübende Windschutzscheibe, gute Beschleunigung, aktive und passive Fahrsicherheit.

Kurz: **Neue Eigenschaften**, wie z. B. unfallvermeidende und unfallfolgenverringernde Fahreigenschaften.

Unabhängig von der Art der Fortbewegung liegen für Straßenverkehrsteilnehmer die äußeren Bedingungen „auf der Straße" vor, die jede für sich eine Gefahr darstellen, durch die das Fahrziel nicht erreicht werden kann.

Das „System" Auto, als mobiles Etwas in unserer Umwelt

Modell:	Uni-Car
Baujahr:	2005
Hersteller:	Standard

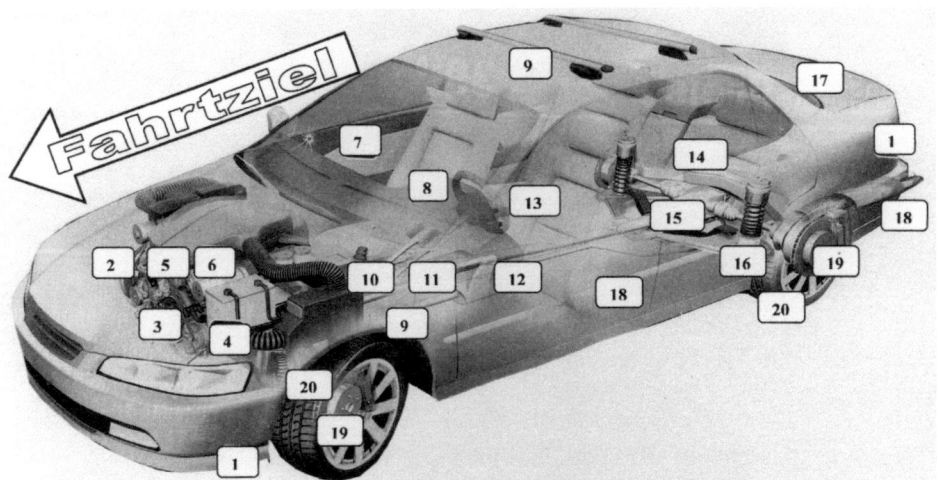

Betrachten Sie sich die einzelnen Baugruppen / Teile des gezeigten Fahrzeuges!

1	Stosstange	8	Armaturen	15	Differenzial
2	Ansaugluft /Treibstoff	9	Karosserie (Rahmen)	16	Federung, Stoßdämp-
3	Motorkühlung	10	Kupplung	17	Kofferraum
4	Motor	11	Getriebe	18	Abgasanlage-
5	Motorsteuerung	12	Fußpedale (Gas, Bremse)	19	Antriebsachse / Reifen
6	Motorenzylinder	13	Lenkrad (Fahrer)	20	Bremsanlage
7	Windschutzscheibe	14	Rücksitzbank		

Betrachten Sie nun die Straße, auf der sich das gezeigte Fahrzeug bewegt!

„Unfallgefahren" lauern überall.

Asphalt	Beton	Schotter	Blaubasalt	Dreck
Verkehrs-schilderwald	Schlaglöcher	Gegen-verkehr	Straßen-führung	Kurven-verläufe
Spurrillen	Regen	Laub	Öl	Schutt
Fußgänger	Sonnenschein	Radfahrer	Schnee	Eis

Wechselnder Fahrbahnbelag mit Straßenschäden, belastet mit Laub, Öl, Dreck, Schutt u.s.w. erschwert das Autofahren, welches durch andere Verkehrsteilnehmer, Straßenverläufe und Verkehrsschilderwald sowieso überlastet ist und durch wechselnde Witterungsbedingungen zu einem reinen, täglichen „Überlebenskampf" geworden ist.

Obwohl viele Automanager dieses vergessen haben:

Ein Auto ist mehr als die Summe seiner Einzelteile mit gänzlich anderen Eigenschaften.

Wenn nach der „Chaos-Theorie" bereits ein Flügelschlag eines Schmetterlings in der Südsee, einen Orkan in der Karibik verursachen kann, kann eine um 0,02 € billigere Gummileiste (andere Qualität) am Scheibenwischerblatt einen schwerwiegenden Unfall durch Sichtbehinderung auslösen.

Das Auto auf der Straße im Zusammenspiel mit hochkomplexen Einzelteilen, mit **erst jetzt entstehenden Eigenschaften** unter äußeren Fahrbedingungen, erzeugt extreme Belastungen für den Fahrer, wenn dieser tatsächlich sein Ziel erreichen will und setzt einen „wissenden" und „verantwortungsbewussten" Autofahrer voraus.

Übertragen wir das Auto und Autofahren nun auf die Volkswirtschaft und soziologische Faktoren.

Ähnlich wie bei dem vorgezeigten Auto, sind auch hier nur stichpunktartig die Einzelschwerpunkte einer Volkswirtschaft dargestellt, die erst in ihrer Gesamtheit mit unveräußerlichen Werten eine „Kulturgesellschaft" erzeugen.

Jeder einzelne Schwerpunkt ist auch in weitere Teilbereiche aufteilbar, wie z. B. die Verbände – Arbeitgeberverband, Gewerkschaft, Industrielobby – Versicherungsverbände – Banken – IHK usw.

Hier erhebe ich keineswegs den Anspruch auf Vollständigkeit und Richtigkeit der Vergleiche.

Auch hier gilt:

Die Volkswirtschaft ist mehr als die Summe ihrer betriebswirtschaftlich handelnden Einzelorganisationen, mit gänzlich anderen Eigenschaften.

Sie sollten Ihren Blick auf das Modell „Volkswirtschaft" etwas verweilen lassen. In irgendeinem „Bauteil" finden Sie auch sich selbst wieder.

Nur fast belustigend richtig erscheint doch wohl die „übertragene Darstellung": **Am Steuer sitzt die Politik, die Regierung.**

Modell: Volkswirtschaft   Baujahr: 2005   Hersteller: Deutschland

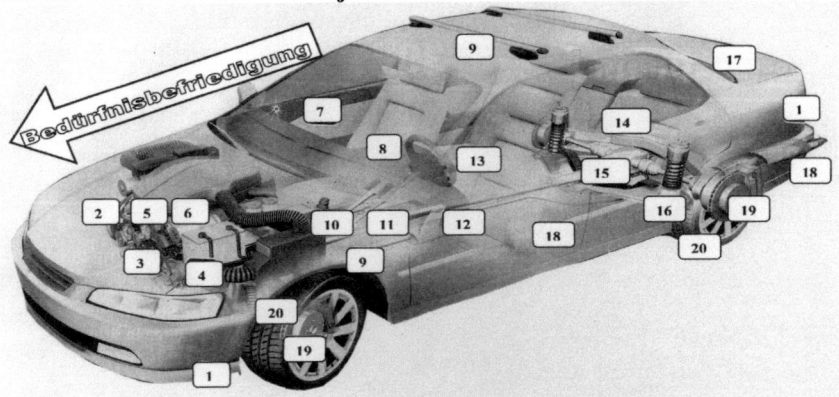

Die Teilsysteme des Autos sind durch Teilsysteme der Volkswirtschaft ersetzt.

Auto	Nr	Volkswirtschaft
Stosstange	1	Militär
Ansaugluft /Treibstoff	2	Importe
Motor-kühlung	3	Geldkreislauf - Zentralbank
Motor	4	Wirtschaft
Motor-steuerung	5	Betriebswirtschaft
Motoren-zylinder	6	Wirtschaftsbereiche (Industrie, Handwerk, Landwirtschaft)
Windschutz-scheibe	7	Informationen / Presse/ Medien
Armaturen	8	Wirtschaftsdaten, Wirtschaftsinstitute
Karosserie (Rahmen)	9	Verfassung
Kupplung	10	Industrieverbände / Gewerkschaften

Auto	Nr.	Volkswirtschaft
Getriebe	11	Arbeitnehmer
Fußpedale (Gas, Bremse)	12	Zentralbank
Lenkrad (Fahrer)	13	Politik / Regierung
Rücksitzbank	14	Verwaltung, Rentner, Universitäten, Schulen
Differenzial	15	Gerichtsbarkeit (Justiz)
Federung, Stoßdämpfer	16	Wirtschaftsgesetze, Sozialgesetze
Kofferraum	17	Reserven
Abgasanlage / Katalysator	18	Exporte
Antriebsachse / Reifen	19	Banken, Versicherungen, Handel, Transport
Bremsanlage	20	Politik, Zentralbank, Staatsverschuldung

Sie erkennen selbst, was laufend „unter die Räder kommen kann"!

Chancen-gleichheit	Kinder-erziehung	Arbeitsplätze	Glück	Hilfe zur Selbsthilfe
Wohlstand	Religion	Frieden	Humanität	Gerechtigkeit
Ausbildung	Toleranz	Freiheit	Kultur	Sicherheit
Umweltschutz	Würde	Außenhandel	Stabilität	Vollbeschäftigung

Nun zu den **Fahrbedingungen und zum Fahrbahnuntergrund** (unvollständig, ohne Rangfolge und Wertigkeit) auf dem sich dieses Modell der „Volkswirtschaft " bewegt (Sie sollten sich dieses intensiv betrachten):

Auch diese Begriffe lassen sich zerkleinern in zahllose Einzelaspekte (Sub- und Sub-Sub-Systeme) wie z. B. Gerechtigkeit in: Belastungsgerechtigkeit, Strafgerechtigkeit, Risikogerechtigkeit, Ausbildungsgerechtigkeit usw.

Diese Volkswirtschaft als Teil der Gesellschaft, **ist ein Zusammenspiel** von hochkomplexen Einzelorganisationen mit erst jetzt entstehenden neuen Wirkungen und Beeinflussungen, mit Hoffnungen und Erwartungen der Menschen unter äußeren Marktbedingungen (z.B. Globalisierung).

Wenn nach der „Chaos-Theorie" bereits ein Flügelschlag eines Schmetterlings in der Südsee, einen Orkan in der Karibik verursachen kann, kann eine um 0,5 %-ige Erhöhung der Sozialversicherungsbeiträge nun 50.000 Arbeitsplätze kosten oder sogar ganze Wirtschaftsbereiche dazu veranlassen - im Rahmen des Globalisierung - nun die Produktion auszulagern.

Die Volkswirtschaft besitzt vollkommen andere, kaum berechenbare Eigenschaften, die extreme Belastungen für die „richtungsgebenden Handelnden" (Politiker) erzeugen, wenn diese tatsächlich das Ziel *⁾ erreichen wollen, ohne das zuviel „unter die Räder kommt".

*⁾ Das **Ziel einer Volkswirtschaft sollte das Wohlergehen** (Befriedigung der wirtschaftlichen **und** sozialen Bedürfnisse) der Gesellschaft in Frieden und Freiheit sein (s. Grundgesetz).

Ziel darf niemals der reine „nackte" Machterhalt sein, denn Macht ohne Gestaltungswille ist sinnlos.

Nun zu den vom Auto übertragenen Zusammenhänge in der Volkswirtschaft:

Die Straße auf der sich dieses Modell „Volkswirtschaft" bewegt, stellt zwar keine unmittelbare Gefahr dar, soll jedoch zeigen „was alles durch die Volkswirtschaft unter die Räder kommen kann".

Sie wissen selbst, was bereis laufend „unter die Räder gekommen ist"!

Es ist sicherlich ausgeschlossen, dass überhaupt nichts „unter die Räder kommt", jedoch sollte die Politik am Steuer (13) zumindest vermeiden, dass unverzichtbare Grundbedürfnisse, wie Würde, Frieden, Gerechtigkeit, Humanität, Umweltschutz und Freiheit „unter die Räder" geraten – diese sollten erhalten und „geschützt" werden.

13. Volkswirtschaft als Instrument der Gesellschaftskritik

Der gewählte systemtheoretische Ansatz zeigte:

Die Volkswirtschaft als Teil der Gesellschaft ist mehr als die Summe ihrer Einzelorganisationen, mit gänzlich anderen Eigenschaften.

Es sollte nun für den Leser die Erkenntnis erwachsen sein, dass die gesellschaftlichen Probleme nicht wirklich gelöst werden, wenn nicht die Volkswirtschaft als System betrachtet wird.

Anmerkung:
Die nachfolgenden Ziffern in den Klammern beziehen sich auf die Vergleichstabelle zum Objekt „ Volkswirtschaft" des letzten Kapitels.

Wie zuvor schon karikierend und belustigend festgestellt, gilt bei der „sicherlich zu einfachen, übertragenen Darstellung vom Auto auf die Volkswirtschaft", vom Autofahren auf gesellschaftliches Handeln:

Die Politik (13) , der(die) Politiker (in) sitzt am Steuer (13).

Hier soll es für die Politik und den Leser bedeuten:
Wenn man nicht weiß, wohin man will, darf man sich nicht wundern, dort angekommen zu sein wohin man nicht wollte.

Für eine Kursänderung ist es zu spät, denn die Legislaturperiode ist vorbei, für einen selbst (Autor), hoffendlich nicht für Sie - fast zu spät - das aktiv zu gestaltende Leben ist nahezu vorbei.

Nun sollte ein Fahrer und auch die anderen Betroffenen schon wissen, was er für eine Funktion hat:

Ist dieser ein Testfahrer, der die Reifen oder den Motor testet und letztendlich im Kreis fährt oder nur ein Sonntagsfahrer, der ziellos durch die Gegend fährt?

Hier soll es bedeuten:
Übertragen auf den Politiker, sollte man zumindest wissen, wessen Interessen dieser vertritt, d. h. der „**gläserne Abgeordnete**" ist ein sachlogisches Ergebnis einer analytischen Betrachtungsweise.

Eine analytische Betrachtungsweise bedingt für die **Fahrer der Volkswirtschaft**, *wenn schon keinen Führerschein, dann zumindest die* **Offenlegung** *der jeweiligen Interessen, den „gläsernen Mandatsträger (Abgeordneten)" und selbst verständlich auch den gläsernen politischen Beamten (Minister).*

Technischer Mangel

Ein Fahrzeug ohne ABS (Anti-Blockiersystem) ist bei einer Vollbremsung (12) nicht lenkbar (13).

Hier soll es bedeuten:

Was bringt es der Politik (13), um Arbeitslosigkeit zu vermeiden, nach rechts oder links zu lenken, wenn jemand, z.b. die Zentralbank (12)) mit zu hohen Zinsen, voll auf der Bremse steht?

Technischer Mangel

Der Motor (4) stottert, er läuft „unrund", weil zu wenig Kühlmittel (3) vorhanden ist.

Hier soll es bedeuten:

Wie soll sich die Wirtschaft (4) entsprechend den sich verändernden Marktbedingungen nun weiterentwickeln, wenn zu wenig Geld (3) im Umlauf ist ?

Technischer Mangel

Mit einer rupfenden oder durchrutschenden Kupplung (10) kann unmöglich die im Motor steckende Kraft auf die Räder (14) gebracht werden.

Hier soll es bedeuten:

Eine erstklassige Wirtschaft (10) mit sich „verzankenden" Verbänden (14) - Gewerkschaften contra Arbeitgeberverbände - die um den Abschluss irgendwelcher gesellschaftlichen Mindestbedingungen (z.B. Branchen-Mindestlohn) streiten.

Technischer Mangel

Das trifft auch zu, wenn sich im Getriebe „verschlissene Zahnräder" (11) befinden („Sand im Getriebe").

Hier soll es bedeuten:

Schlecht bezahlte oder schlecht ausgebildete und / oder demotivierte, mit Arbeitsplatzsorgen und zu hohen Abgaben belastete Arbeitnehmer (11) können unmöglich die technisch mögliche Gütermenge erzeugen bzw. „unter's Volk" bringen.
(s. Sonderdruck: Das „StAbi"-Modell

Technischer Mangel

Wie weit ein Auto fahren kann, ist von der Beladung (14) - Was wird alles mitgeschleppt? - und den Reserven (Tank) abhängig (17).

Hier soll es bedeuten:

Nicht zufällig stehen hier die Begriffe „Verwaltung (14), Rentner, Universitäten (17), Schulen und Ausbildung", jedoch ohne

Wertung was überflüssig oder zwingend für eine soziale Gesellschaft notwendig ist (s. Sonderdruck: Das „StAbi"-Modell).
Es ist aber ein Fakt, dass eine überbordende Verwaltung keinen zusätzlichen Wohlstand erzeugt, weder jetzt, noch in Zukunft (s. Sonderdruck „Risikogerechtigkeit": Das „StAG-Tax"- Modell)

Technischer Mangel
Ein „überladendes" Auto ohne Reserven kommt nicht weit (Faustregel: 100 kg Ballast erzeugen einen Mehrverbrauch von 1 Liter Kraftstoff auf 100 km).

Hier soll es bedeuten:
Mit Sozialabgaben überfrachtete Löhne erzeugen Arbeitslosigkeit, denn z. B. 0,1 % veränderte Sozialversicherungsbeiträge entsprechen 100.000 Arbeitsplätze (s. Sonderdruck: Das „SCHarm"-Modell).

Weitere Mängel am Auto (kaum ein Autofahrer merkt diese „schleichend eintretenden Fehler):

Technischer Mangel
Das Differential (15), welches unterschiedliche Kräfte /Drehzahlen auf die verschiedenen Antriebsräder (20) ausgleichen soll, ist defekt.

Hier soll es bedeuten:
Die Justiz (15), insbesondere die Zivil-, Sozial-, Finanz- und Verwaltungsgerichtsbarkeit, ist nicht in der Lage, sachgerechte Prozesse in übersehbarer Zeit halbwegs gerecht und nachvollziehbar zwischen den Streitenden auszugleichen. (s. Sonderdruck „Risikogerechtigkeit": Das „JuRiG"-Modell).

Technischer Mangel
Die Federung (16) des Fahrzeuges ist defekt, die Dämpfung (16) ist nicht hinreichend abgestimmt: Beide entsprechen nicht den Fahrleistungen und sind das Gegenteil einer passiven Fahrsicherheit, weil diese nicht „durch die Technik selbst", Unfälle verhindern.

Hier soll es bedeuten:
Wirtschaftgesetze (Sozialgesetzgebung, Steuergesetze) entsprechen nicht mehr dieser sich schnell entwickelnden und sich ändernden Hochleistungsvolkswirtschaft. (s. Sonderdruck „Risikogerechtigkeit": Das „StAG-Tax"- Modell

Technischer Mangel
Diese negativen Wirkungen steigern sich, wenn der Luftdruck in der Bereifung (20) zu niedrig ist.

Hier soll es bedeuten:

Die Banken geben nur mit höchsten Auflagen Kredite (Basel II) und / oder Versicherungen und / oder Kapitalgesellschaften (20) horten die Beiträge / Gewinne, statt sie an die Anspruchsberechtigten / Kapitaleigner auszuzahlen (s. Sonderdruck „Risikogerechtigkeit": Das **„KaRiG"**-Modell).

Technischer Mangel
Dass dieses schlingernde Fahrzeug nicht die Spur hält, nicht dort lang fährt, wo es hingelenkt wurde und zahllose Dinge überfahren werden, ist nicht verwunderlich.

*Jeder Verkehrspolizist und jeder TÜV würde ein derartiges Auto sofort aus dem Verkehr ziehen und dieses Fahrzeug der sachgerechten Entsorgung **(Verschrottung)** zuführen.*

Hier soll es bedeuten:
Sollte die „schlingernde Volkswirtschaft" zivilisatorische und soziale Errungenschaften der Gesellschaft unter die Räder nehmen, dürfte es langsam bedenklich werden.

„Einzelfalllösungen" und / oder „ Das Drehen an Stellschrauben", nur weil es zu einem politischen Konsens führt , führt in die Sackgasse.

Eine Gesellschaft,
- die nur dem Produktionsfaktor Arbeit alle Soziallasten der Gesellschaft auferlegt,
- dessen Bildungssystem mit 10 Jahren Vorlaufzeit in Bezug auf Qualität und Quantität am Bedarf vorbei „produziert",
- die eine kostengünstige und zeitnahen Rechtsprechung verweigert,
- die Manager ohne jegliches persönliches finanzielles Risiko zu Lasten der Gesellschaft und auch der Kapitaleigner agieren lässt
- und jede unternehmerische Kreativität /Aktivität im Ansatz erstickt, durch ein Labyrinth aus gleichzeitig zu beachtenden und widersprüchlichen Steuer- und / oder Sozialversicherungs- und /oder Arbeits- und / oder Verwaltungs- und /oder Bau-Recht ,

wird nicht zukunftsfähig werden und irgendwann erschallt wieder der Ruf:

„Wir sind das Volk".

Hier sollte nicht aufgezeigt werden, was eine sich nicht verbal artikulierende Bevölkerungsmehrheit sonst noch für „selektive Möglichkeiten" hat.

Jedoch noch mehr Polizei, noch mehr Wasserwerfer, noch mehr staatliche Überwachung **werden keine Lösungsmöglichkeiten sein:**

Evolution statt Revolution ist angezeigt.

Nachtrag des Autors zum Buch

Seit Jahren nahm ich zur Kenntnis, dass „juristische Personen", hier Aktiengesellschaften, Vereine und Genossenschaften Geschäfte eingehen und Risiken tragen, die nichts mit der Gründungsidee zu tun hatten und horten die Beiträge / Gewinne, statt sie an die Anspruchsberechtigten / Kapitaleigner auszuzahlen.

Aktienkurse, Spekulationen, und Firmenan- und -verkäufe suggerieren ein prosperierende Wirtschaft, jedoch es ist in erster Linie eine „Riesen – Monopoli - Spiel", bei dem nichts produziert, sondern nur umverteilt wird.

Es ist ein „0-Summen-Spiel", bei dem der verliert, der den zu „kurzen Atem hat (Wer wohl ?). Gelegentlich verspekuliert sich auch der „Große", denn während ich dieses Buch schrieb, wurde nachstehendes vom Markt bestätigt Die „Großen machten Milliarden Verluste oder Gewinne, die unserer Volkswirtschaft für die Binnennachfrage nun fehlen (Das Geld ist nicht weg, es ist nur woanders).

Fehlender „Gestaltungswille" der Politik verbunden mit der Unfähigkeit des „Staatsapparates" und seiner „halbstaatlichen Organisationen", die Volkswirtschaft als ein „offenes System" zu erkennen und anzuerkennen, sich dementsprechend an eine schnell verändernde Gesellschaft (heute von der Industrie- zur Informationsgesellschaft) anzupassen, verhindert den Ausgleich der zutage tretenden gesellschaftlichen Asymmetrien von Gerechtigkeit.

In einer hochtechnisierten Welt ist eine „gewollte" oder ungewollte, jedoch durch Gesetze und Verwaltungen erzeugte Diskriminierung und „Gängelung", irgendeiner „Minderheit" schlicht nicht mehr möglich.

Der nordirische „Bürgerkrieg" ist ein Relikt aus dem letzten Jahrhundert, der „Balkan Krieg" war ein Versehen, die Lösung des „Südtirol – Separatismus" ein gelungenes Beispiel der Konfliktlösung.

Brennende Autos in Frankreich Ende 2005 sind ein Beispiel von Versäumnissen.

Gesprengte Strommasten in Südtirol, von Autobahnbrücken geworfene Steine, blockierte Eisenbahnweichen oder eine schlichte 8mm Stahlschraube in einer „Autoreifen-Gummischleuder" oder eine friedliche „Autobahnkreuzblockade" durch „500 Kleeblatt-Fahrer" auf dem „hinausgezögerten" Weg zu einer „angemeldeten Demo", zeigten die *Verwundbarkeit* einer modernen Industriegesellschaft.

> *Bezogen auf „ Minimal – Standard 's, ist ein Interessenausgleich mit jeder gesellschaftlichen Gruppierung zwingend..*

Jeder Terrorismus – individuell oder staatlich - ist unmenschlich und absurd.

Bereits „halbindustrielle Länder" wie Israel zeigen die Grenzen einer unsinnigen Systemerhaltung; entweder sich selbst einmauern - wobei keiner weiß, „Wo ist drinnen, wo ist draußen?", „Wer sitzt denn nun im Gefängnis?" - oder weiterhin „Selbstmordattentate".

Konflikte derart lösen zu wollen sind im Grunde eine Beleidigung der menschlichen Intelligenz und hoffentlich der erreichte Gipfelpunkt der Mittelmäßigkeit.

> *Der notwendige, vorzunehmende Interessenausgleich findet nicht statt und es wird die Zukunftsfähigkeit der Gesellschaft, unser Kinder und Enkelkinder verspielt.*

Es ist „Platz" zu machen für neue Ideen und neue Produkte, die bei einer wirklich funktionierenden Marktwirtschaft ohne „Verwaltungshemmnisse" und ohne „Überlastung des Produktionsfaktors Arbeit", für die arbeitslos gewordenen Arbeitnehmer „neue", bessere und besser bezahlte Arbeitsplätze schafft.

*

Liebe(r) Leser(in),
wenn mit diesem kostengünstigen Sonderdruck Ihr Interesse an der Gesamtproblematik geweckt werden konnte, empfehle ich Ihnen die Gesamtausgabe dieser Buchreihe unter dem Titel:

„Das Mandarin(en) – Syndrom"

unter **ISBN 978-3-8370-1306-1** zum Preis von **19,90 € *)**
Dort beschreibe ich die Versäumnisse und Missstände und entwickle in verschiedenen miteinander verbundenen Bereichen der Volkswirtschaft Lösungsvorschläge, die letztlich die Gesellschaft durch eine verstärkte Chancen-, Bildungs-, Risiko-, Unternehmens- und Steuergerechtigkeit zukunftsfähig machen können.

Diesen Sonderdruck - weil in der Gesamtausgabe enthalten - können Sie ja im Freundes- bzw. Bekanntenkreis weiterverschenken.

Interessiert Sie lediglich ein einzelnes Problemfeld zu den auf Seite 72 gestellten Problemfeldern, nutzen sie einen der drei **kostengünstigen Sonderdrucke**   ***) derzeitige Preise**

Das „SCHarm"-Modell ISBN **978-3-8370-1922-3** Preis **6,90 € *)**

Das "StAbi" – Modell   ISBN **978-3-8370-2437-1** Preis **6,90 € *)**

Risikogerechtigkeit   ISBN **978-3-8370-2436-4** Preis **9,90 € *)**

Nähere Kurzinformationen zum Buch und Sonderdrucken unter:

www.mandarin-syndrom.de

Literatur-Verzeichnis:

Anmerkung:
Es ergibt keinen Sinn hier die Literatur aufzuzählen, die in den letzten 50 Jahren in irgendeiner Weise zur Gedankenfindung beigetragen hat; dementsprechend erfolgt nur die Benennung der Literatur, die mich in letzter Zeit beeindruckt hat und die ich teilweise verinnerlicht habe, sowie dem Leser die Möglichkeit eröffnen soll, gleiches zu erfahren.

1. Fromm, Erich: „Haben oder Sein" ", DTV 2000
2. Icke, David: „Alice im Wunderland und das World Trade Center Desaster", Mosqito Verlag, Potsdam 2005, ISBN 3/928963/11/2
3. Institut der Deutschen Wirtschaft , „Deutschland in Zahlen", Köln, Ausgabe: 2004
4. Moore, Michael: "Stupid white men", Piper Verlag GmbH, München 2002, ISBN 3-492-0417-0
5. Miegel, Meinhard: Die deformierte Gesellschaft, Propyläen Verlag, 10. Auflage 2002 by Ullstein, München, ISBN 3-549-07154-x
6. Nägele, Frank: Kölner Stadtanzeiger, Ausgabe vom 25.10.04, Seite C4
7. John Rawl: „Gerechtigkeit als Fairneß"; Suhrkamp Verlag 2003; aus dem amerikanischen übersetzt: „Justice as Fairness; 2001
8. Steingart, Gabor: Abstieg eines Superstars, Piper Verlag 2004 ISBN 3492046150
9. Spriewald, Norbert: „Das Mandarin(en) –Syndrom", BoD-Verlag 2008, ISBN 978-3-8370-1306-1

Stichwortverzeichnis

Nachtrag des Autors zum Buch